Der Strahl der Hoffnung

Translated to German from the English version of
The Ray of Hope

Austin Ajit

Ukiyoto Publishing

Alle globalen Veröffentlichungsrechte liegen bei

Ukiyoto Publishing

Veröffentlicht im Jahr 2025

ISBN 9789370092662

An meine Großeltern und Eltern, die mich immer unterstützt und ermutigt haben.

Vorwort

KLEINE GÄSTE MIT ENORMEM GEHIRN.

Dieses Mal bringt der Kinderautor Austin Ajit Kurzgeschichten, die Ihr Gehirn mit einer Prise Humor und zum Nachdenken anregenden Aussagen ein wenig mitnehmen werden. Es gibt neun schöne Geschichten in dieser Sammlung. Als Umweltbegeisterter bringen all diese Geschichten seine Besorgnis über Entwaldung und gedankenlose Übergriffe zum Ausdruck. Seine früheren Bücher zeigen auch seine Besorgnis über die globale Erwärmung, den Klimawandel und die Brutalität der Wilderei, die zum Aussterben vieler Arten führt.

Er stellt sich unschuldig und ehrlich einen Tag vor, an dem diese Tiere die Gräueltaten der Menschen überlisten werden. Ausgehend von den „Tiny Guests" betont und unterstreicht er seinen Ausblick. "Der Angriff von A.I." ist eine Warnung an die Menschen, dass dies eines schönen Tages geschehen wird. Aber Austin wird sicher sein, wenn er sich auf ihre Seite stellt. In "Die Geschichte der Menschen" stellt der Autor einen Geist [Geist Jeff] vor, der behauptet, dass er der Schöpfer ist, der übernatürliche Kräfte hat. [wie der Geist in Shakespeares Stück "Sturm"]. Als die Schöpfung geschah, bekamen die Menschen leider das größte Gehirn und die Autorität, über die ganze Erde zu herrschen, und alles gehört ihr. Leider, aber die

Menschen gehen einen Schritt weiter und darüber hinaus.
Austin Ajit träumt anders. Er erzählt Geschichten mit so schöner Fantasie und kehrt nach dem Aufwachen in die Realität zurück. "Der einfache rote Ballon"ist ein schönes Beispiel für seine Fantasie. Es gibt auch moralische Geschichten. "Der Schwanz des schwanzlosen Tamarins." Als der Badam-Baum gefällt wurde, erwachte Austin zu einem "leeren Morgen", an dem es kein Zwitschern von Vögeln und Eichhörnchen gab. , sagt er mit einem Vorsichtshinweis. "Lass es ein kleiner Käfer oder ein einzelner Baum sein...es ist wichtig!!
Ich schreibe nicht mehr über einzelne Geschichten, aber ich bin mir sicher, dass jede Geschichte ein leuchtender eingeschriebener Edelstein sein wird, wie seine Schatzsuche mit seinem Freund.
Für seine zukünftigen Bemühungen wünsche ich ihm alles Gute und schreibe gerne eine kleine Notiz für diese schöne Erzählsammlung.

Briji K T
Bengaluru.

BRIJI.K.T ist ein zweisprachiger Schriftsteller und Künstler. Ihre Bücher werden von führenden Verlagen wie Ukiyoto Publishers, Poornna Publishers, Saikatham Publishers, Buddha Books, Red Cherry Books und vom "Institute for Children's Literature" Kerala Gov. Auf der Plattform der Kunst hat sie mehrere Ausstellungen durchgeführt, unter anderem in Bangalore Chithra Kala Parishath. Briji hat viele Preise gewonnen, darunter den "Haven International Muse Award" für Poesie, "ONV Puraskaram" vom Malayala Bhasha Institute, "Naari Ujjagaran Prasasthi" von der All India Poetess Conference und den Women Achievers Award im Jahr 2020.

Inhalt

Die kleinen Gäste

Es war ein gewöhnlicher Tag für die Familie Johnson. Sie sahen sich einen Film an und genossen ihr Abendessen, als das Unerwartetste passierte. Auf halbem Weg durch den Film wurde der Bildschirm ganz verschwommen, bevor er ein seltsames Surren machte und ein seltsames bläulich-grünes Licht ausstrahlte. Der Vater wollte den Fernseher aus- und wieder einschalten, in der Hoffnung, dass er das Problem beheben würde, als ein pelziger kleiner wieselartiger Kopf heraussprang.

Die Mutter fragte: „Was ist das für ein kleines Ding? Irgendeine Art Frettchen?" Das kleine Wesen sah verärgert aus, ein Frettchen genannt zu werden, und der Sohn (dessen Name Johnson Jr. Wir nennen ihn vorerst meistens den Sohn.) sagte: „Nein, Mama, es ist offensichtlich ein Erdmännchen! Sie sind wie...ähm... eine Art Mungo. "

Das Erdmännchenfass - rollte aus dem Fernseher, gefolgt von 3 anderen Erdmännchen! Sie schnüffelten in ihrer neuen Umgebung herum und machten kleine klappernde Geräusche. Sie sprangen und jagten sich überall hin. Die Familie beobachtete in einer Mischung aus Schock, Unterhaltung und Schrecken. Die Erdmännchen stapelten sich übereinander, um das Keksglas auf dem Kühlschrank zu erreichen, aber das Glas fiel und zerbrach in eine Million Stücke.

Dann erkundeten diese kleinen Eindringlinge noch mehr und entdeckten die Badewanne! Man hörte sie darin schwimmen! Der Sohn versuchte, einen von ihnen zu streicheln, aber er schrie und hastete davon. Sie begannen bald überall zu schnüffeln (die Erdmännchen, nicht die Menschen!).

Der Kleinste setzte sich und sah einsam aus.

Die Mutter (die das zerbrochene Glas gereinigt hatte) sah das kleine Erdmännchen an und fragte: „Was ist los, könntest du hungrig sein?" Das kleinste Erdmännchen nickte, als würde es ja sagen! Also öffnet die Mutter den Kühlschrank, was ein großer Fehler war.

Sobald die Erdmännchen sahen, dass die Nahrung ordentlich in Reihen gelagert war, wurden sie ballistisch. Sie sprangen hinein und aßen alles! Einer packte Milch und Orangensaft aus den Flaschen, während andere Joghurt, Käse usw. aßen. Man knabberte sogar am Thanksgiving-Truthahn! Der größte Erdmännchen nahm einen Leck Mayo aus der zerbrochenen Flasche und spuckte ihn sofort aus. Er ließ sich auf die Reste von gestern ein und verschlang sie.

Jetzt mit neuer Energie aus dem Essen, eilten die Erdmännchen herum, und Vater jagte ihnen hinterher, um diesen Wahnsinn zu stoppen! Aber die kleinen Wesen waren zu schnell. Sie sprangen auf Kisten, kauten auf Spielzeugfüchsen, schwangen auf dem Kronleuchter (der prompt herunterfiel) und schwammen in der Spüle.

Bald wurde Vater müde und fiel auf das Sofa. In der Zwischenzeit räumten Mutter und Sohn das Durcheinander auf. Zum Glück für sie hatten die Erdmännchen etwas anderes gefunden, um sie zu beschäftigen. Ein Schachbrett! Sie hatten die Spielzeugkiste gefunden. Sie schlugen die Schachfiguren und schnappten nach dem Brett. Gleiches gilt für die Schlangen und Leitern, Lego (das fast von einer Erdmännchen verschlungen wurde) und Play-Doh.

Die kleinste Erdmännchen kuschelte sich an einen großen Teddybären und schlief. Apropos Schlaf, die ganze Familie war müde und erschöpft und ging ins Bett. Aber in dieser Nacht hörten sie alle ein kleines Flüstern. Die Familie spähte nach unten und sah die Erdmännchen in ein funkähnliches Gerät murmeln. Die Familie eilte herunter und befragte die Erdmännchen.

Vater fragte: „Was machst du?“

Der älteste Erdmännchen sagte: "Wir kommen aus der Savanne ..."

Er blieb stehen und tippte auf ein kleines Gerät an seinem Handgelenk. Eine Projektion einer üppig grünen Savanne erschien.

Das kleinere Erdmännchen fuhr fort: Vor ein paar Jahren war dieser Ort ein Wald. Es war voller Erdmännchen, magischer Kreaturen usw. Alle unsere Freunde lebten in Einheit. Löwen, Gazelle, Honigdachse, wildere Tiere, es gab alle möglichen Tiere! Das heißt, bis eine Reihe von Männern kam und anfing, uns einen nach dem anderen abzuschießen. Einige von uns, wie Mr. Badgerton, landeten als Teppiche. Andere, wie Tante Ellie, wurden erschossen. Die Hörner wurden abgerissen und hinterließen nichts als tote Kadaver. Das war erst der Anfang. Als mehr Männer ankamen (wir erfuhren später, dass es sich um Wilderer handelte), schrumpfte unsere Zahl, und wir alle lebten in Angst. Aber zumindest hatten wir ein Zuhause. Bis ein großer Bulldozer kam und alle Bäume fällte. Der Bereich war gepflastert und abgeflacht. Die Menschen zündeten das Grasland an und hinterließen nichts als unfruchtbares Land. Flüsse wurden entwässert. Als wir unsere Häuser verloren, verringerte sich die Anzahl der Tiere und wurde gefährdet. Also sind wir Erdmännchen zur Waldhexe gegangen! Sie sagte uns, dass Menschen diesen Ort zerstören und darauf eine Metropole bauen würden! Also mussten wir uns alle unter der Erde verstecken. Bis jetzt.

Wir werden verschiedene Teile von Geräten nehmen und eine Rakete bauen, die uns auf einen anderen Planeten bringen könnte, wo wir und unsere tierischen Freunde in Frieden leben können. Also erscheinen wir zufällig und nehmen ein kleines elektronisches Stück aus jedem Haus. Aber da wir nett sind, replizieren wir das elektronische Teil und legen das Original dorthin zurück, wo es herkam, damit das Gerät immer noch funktioniert. "

Die Familie starrte schockiert.

Plötzlich machte ein Erdmännchen ein lautes Gerede und wurde in ein Wurmloch gesaugt. Die Welt verschwamm und wirbelte in etwas, das wie ein mehrfarbiger Hurrikan aussah, und plötzlich befand sich die Familie in einer seltsamen Dessertgegend. Sie blickten alle auf und sahen die traurigen Gesichter aller Arten von Tieren, die sie anstarrten. Sie hörten Donner und Blitz.

„Wo sind wir?", fragte der Sohn.

Ein neues Erdmännchen mit einem Fleck auf dem Auge kletterte hinüber und sagte: „Nachdem ihr Menschen unser Haus zerstört habt, mussten wir uns alle unter der Erde verstecken. Aber bald war auch dort nicht mehr sicher! Der Boden war mit Schadstoffen und Chemikalien gefüllt. Also flohen wir in den Wolkenbereich. "

Die Erdmännchen führten sie zu einer kleinen, seltsamen Hütte, die ein helles, schillerndes Lila leuchtete. Die Familie bemerkte, dass es ziemlich klein war, und sie mussten hineinkriechen. Aber sobald sie eintraten, waren sie schockiert: Die Hütte schien plötzlich innen größer zu sein! Wow! Als die Familie starrte, trat ein kleiner Jaguar, der mit einem blauen Mantel bedeckt war, aus einem Portal.

ROCKET
FUEL

Der Jaguar im blauen Mantel sagte: „Ahhhhh, Erdmännchen! Du bist zurück! Und ich sehe, du hast ein paar Freunde mitgebracht!"

Die Erdmännchen antworteten mit den Worten: "Hallo große hohe Hexe! Lernen Sie die Familie Johnson kennen. Sie werden uns helfen zu entkommen!".

Die Johnson's waren schockiert. "Das haben wir nie gesagt!".

Die Erdmännchen sahen verwirrt aus. "Was?"

"DASS wir IHNEN HELFEN WERDEN!"Der Vater schrie.

Die Erdmännchen sahen entsetzt aus. "Was?", sagten sie traurig.

Der Vater sagte: „Wir HABEN GERADE EINEN FILM GESEHEN, ALS DU GEKOMMEN BIST UND UNSER HAUS ZERSTÖRT HAST, UND JETZT BRINGST DU uns MITTEN INS NIRGENDWO! BRING UNS NACH HAUSE!"

Der Jaguar-Schalter antwortete widerwillig: "Gut. (murmelt) Ihr Menschen ändert euch NIE und seid so abscheulich."

Die Erdmännchen riefen ein Portal nach Hause, und die Mutter und der Vater traten hindurch.

Aber als die Familie zurückblickte, sahen sie ihren Sohn unnachgiebig stehen.

"Kommst du nicht mit uns?" Fragte der Vater.

"Nein! Nein!“, antwortete der Sohn.

"Was!" Fragte Mama.

"Ich bleibe, um den armen Erdmännchen und den Tieren zu helfen." Sagte der Sohn.

Vater fragte: "Bist du verrückt geworden!?".

"Nein! Und meine Entscheidung ist endgültig!!!“.

Nach vielen Auseinandersetzungen überzeugte der Sohn seine Eltern, ihn ein paar Tage bei den Erdmännchen wohnen zu lassen.

Über viele Tage beobachtete der Sohn, wie die Erdmännchen immer mehr Maschinenteile sammelten und die Rakete bauten. Es tat seiner Seele weh zu erkennen, dass all diese Tiere die Erde verlassen würden, alles wegen der Menschen. Also machte er einen Plan. Spät in der Nacht, während die Tiere schliefen, nahm er sein Handy heraus (um mit seinen Eltern in Kontakt zu bleiben) und googelte "Wie man sich um die Natur kümmert". Nachdem er eine Nacht lang gegoogelt hatte, weckte ihn ein Schnüffel. Die kleinste Erdmännchen war wach!

"Was machst du da?", fragte sie.

Es hat keinen Sinn zu lügen, also erzählte der Sohn seine Pläne.

"Ich will nicht, dass du gehst! Ich meine, ja, die Menschen zerstören langsam unseren Planeten, aber wenn du gehst, werden wir die Erde einfach weiter ruinieren, bis sie genauso unwirtlich ist wie der Mars. Vor Problemen wegzulaufen, löst sie nie. "

Nach einem nachdenklichen Blick nickte der Erdmännchen mit dem Kopf. "Du hast recht. Wir müssen etwas tun. Warten Sie hier, ich bin gleich wieder da. " Bevor der Sohn etwas sagen konnte, kroch das kleine Erdmännchen in die Dunkelheit.

"*Oh* nein", dachte der Sohn, "*er wird es allen erzählen!*"

Aber eine Sekunde später lief das kleine Erdmännchen mit einer Reihe von Freunden an seiner Seite zurück. Ein kleines Wildschwein, ein winziger Strauß und eine Eidechse. Oh, und eine ... SCHLANGE! Zuerst ERSCHRAK der Sohn, hielt sich aber zusammen. Diese Schlange war freundlich und nicht gefährlich.

Der Sohn zeigte ihnen alle Wälder und Nationalparks und sagte: „Wir können dich hier leben lassen, während ich die Menschen davon überzeuge, aufzuhören, Wälder zu zerstören! Wie?

Nun, durch das Pflanzen von (einheimischen, abwechslungsreichen) Bäumen und die Schaffung abwechslungsreicher Ökosysteme (weil Wälder nicht die einzige Art von Ökosystem sind). Nimm Desserts, Grasland, Sümpfe und alles andere) und indem du die Umweltverschmutzung stoppst (indem du Ausbeutung, übermäßige Ausgrabungen und übermäßigen Ressourcenverbrauch stoppst). Auch indem wir unseren Müll nicht dort abladen, wo wir Lust haben) . Nichts davon wird einfach sein, aber es wird definitiv möglich sein. “

Am nächsten Tag schlugen der Sohn und die anderen Tiere diese Idee der Jaguar-Hexe vor, die, nachdem sie für immer schien, zustimmte. Die Tiere zogen (vorübergehend) in einen Nationalpark, während Johnson Jr. in seine Stadt zurückkehrte und das Wort verbreitete, die Natur in seiner Stadt zu retten, und Anti-Naturalisten (wie seine Eltern) überzeugte. Er hat nicht alle überzeugt, aber trotzdem etwas bewirkt. Aber trotzdem leben diese Tiere immer noch im Nationalpark und warten darauf, dass ihr Zuhause repariert wird. Und wenn du die Botschaft verbreitest und der Natur selbst hilfst, kannst du sie ihrem Zuhause, dem Leser, einen Schritt näher bringen. Also los, verbreite die Botschaft! Die Erdmännchen und ihre Freunde zählen auf dich.

Die Geschichte des Menschen

Diese Geschichte beginnt, wie alle guten Geschichten, vor langer Zeit, als die Welt begann. Es wurde von einem Sprite namens Jeff regiert. Er erschuf die Erde, das Universum, Sterne, Kaffee usw.

In dieser Zeit wurde die Erde in vier Teile geteilt. Da es kein modernes Englisch gab, wurden die Biome der Erde nicht Dessert, Meer, Berge und Dschungel genannt, sondern der sandige, wirbelnde gelbe Ort, der blaue, wässrige, nasse Ort, der felsige, neblige, hoch oben gelegene Ort und der sumpfige, grüne, pflanzliche Ort. Er schuf nicht die Polarregionen (oder, wie es genannt worden wäre, den kalten eisweißen Ort). Es wurde versehentlich geschaffen, als er... egal. Das ist eine andere Geschichte.

Wie auch immer, nachdem er die Welt aus etwas Lehm geformt hatte (er war ein Künstler und hatte den Lehm von seinem Freund gekauft), ließ er ihn trocknen. Um den Prozess zu beschleunigen (sonst würden alle Berge umkippen, bevor sie sich verfestigten. Schließlich war es ofentrocknender Lehm) fügte er eine riesige Kugel aus Flammen hinzu, die Sonne genannt wurde! Oder, wie er es nannte, die heiß brennende gelb-rote Kugel. Dann fielen Teile seines Bartes auf die Erde und schufen Pflanzen.

Also ... nachdem er das Land geschaffen hatte, kritzelte er einige Tiere und erweckte sie zum Leben, was wirklich cool ist. Dann gab er Regeln vor, denen die Tiere folgen sollten. Zum Beispiel muss die Krabbe unter Felsen und Muscheln bleiben und sich verstecken, aber sie kann im Meer schwimmen und an Land kriechen. Sein Königreich war an dem blauen, wässrigen Ort. Das Zebra versteckt sich vor Fleischfressern und frisst das ganze Gras (weil Jeff sich keinen Rasenmäher leisten konnte), der Adler war der König des Himmels und hielt den Himmelverkehr niedrig, der Löwe war... der König von allem usw.

Dann streute er, wie es ein Koch auf seinem Teller tun würde, ein paar Tränke auf das Land. Das waren Tränke des Guten, denn das waren sie natürlich! Alle Sprites haben Zaubertränke, die sie heraufbeschwören (siehe **"ZAUBERTRANKHERSTELLUNG FÜR Dummies - Der ultimative Sprite-Guide!")**

Also jetzt war alles gut. Gooder als gut .Goodtastic!

Eines Tages kam sein Freund Jhonnald (alle Sprites hatten Namen, die mit J begannen) vorbei. Er hatte einen Relik-Hund (und Alien-Hund!) namens ... nun, er hieß ...ähm...ich erinnere mich nicht an seinen Namen, also werde ich ihn Robert nennen. Jetzt schlich sich Robert weg, während Jeff und Jhonnald plauderten. Während der Erkundung fand er den Raum, der alle Zaubertränke des Lebens enthielt, einschließlich des Zaubertranks des Bösen, des Zaubertranks der Gier und des Zaubertranks der Zerstörung. Es gab auch ein kleines Fläschchen mit Güte im Raum. Aber er achtete nicht auf sie. Nein, er beobachtete den magischen Knochen am anderen Ende des Raumes! Er griff an und nagte am Knochen. Aber als er rannte, warf er die Tränke um und verschüttete alle Tränke auf der Erde. Aus dem mystischen Durcheinander entstand der Mensch. Sie wurden langsam klüger und klüger. Die Natur nährte sie, und sie begannen, die Natur auszunutzen und sie zu zerstören!

Sie begannen, riesige Wohnungen zu schaffen. Langsam wuchs ihre Stadt und die Natur verblasste. Und Jeff konnte nichts tun, weil er in den Sommerferien war! Langsam ging alles schief.

Die Magie war weg. Die Menschen zerstören weiter – bis sie verflucht sind. Siehst du, als die Magie verblasste, schrie sie vor Schmerz auf. Es verfluchte die Menschen, jedes Mal mehr zu leiden, wenn sie der Natur schaden. Jetzt haben die Menschen das vergessen. Bald entwickelten wir Technologien und wurden zu den fortschrittlichsten Lebensformen. Und hier spielt meine Geschichte.

15. JULI 2022

"Gähn!!". Austin rieb sich den Schlaf aus den Augen. Er starrte durch den Raum und fiel zurück in sein Bett, um zu schlafen ...als er die scharfe Stimme seiner Mutter hörte, die schrie: "Komm runter, Austin! Du kommst zu spät zur Schule!!!!

"Was ... OH!" Sagte Austin. Er rannte runter und bereitete sich auf die Schule vor.

Später an diesem Tag, als Austin nach Hause kam, war er schläfrig, verschwitzt und müde und brauchte ein Bad. Kein Wunder, dass er den seltsam leuchtenden Stein auf seiner Fensterbank nicht bemerkt hat!

Tatsächlich hat er es überhaupt nicht bemerkt! Er erfrischte sich, fiel auf seinen Sitzsack und begann zu lesen. Er hätte den Felsen an diesem Abend überhaupt nicht bemerkt, wenn nicht sein Wecker zufällig losgegangen wäre (natürlich war es ein Zufall, da Wecker normalerweise nicht zufällig gehen).

Unghh! Meinst du das ernst? Was ist los mit dir, du böses Stück Maschinerie. Ich kann einen Kerl nicht eine Minute lang chillen lassen", murmelte er. Er stellte die Uhr ab und wollte gerade in den Komfort seines Sitzsacks zurückkehren, als seine Augen auf den Stein fielen.

"Was ist das?", fragte er sich. Er streckt die Hand nach ihr aus. Es strahlte ein überirdisch grünes Leuchten aus und gab ihm einen kleinen Schock, als er es berührte. Austin griff nach seiner Lupe und beobachtete sie genau. "Das sieht cool aus. Das sieht nach einem Abenteuer aus!"

Er bemerkte darin etwas, das wie kleine Worte aussah. Es lautete "***unter der Stelle, wo Brot gebrochen*** wird"

„Das sieht aus wie eine Schatzsuche!", wunderte er sich. „Wo ist jetzt das Brot gebrochen??? Vielleicht der Esstisch?"

Er rannte hinunter, und tatsächlich war noch ein Stein da! Leider beendete Austins Mutter seine Suche, indem sie ihn zurück in dieses Zimmer schickte. "Hör auf herumzuschnüffeln, du faule Gans!", sagte sie.

Als Mutter nicht hinsah, schlich er sich hinunter und packte den Stein, bevor er sich unter dem Tisch versteckte. Dieser Stein leuchtete rosa statt grün. Dieser Stein hatte auch Schnitzereien (wenn auch in einer etwas dickeren Handschrift, als hätte sich der Schriftsteller Zeit für diese Schnitzerei genommen), und er sagte "*hinter der Stelle, wo Wasser fließen* soll".

"Das Waschbecken?" Dachte Austin.

Bevor er dort nachschaute, rief er Aromal, seinen Freund, an. Schließlich argumentierte er: "Ich kann diese Quest nicht alleine machen!". Nach einem kurzen Telefonat kam Aromal an Austins Haustür.

Aromal fragte: „Also, wovon erzählst du mir? Diese mystischen Steine?"Austin hielt die beiden Steine hoch. "Diese", sagte er.

Aromal sah ihn fragend an. "Was sind das? Und warum haben sie kleine Inschriften -"

"Ich weiß, ich weiß", unterbrach Austin. „Das scheint eine Schatzsuche zu sein! Jeder Stein führt zum nächsten. Leider wird Mama es mir nicht erlauben. Oh Mann, es wäre so aufregend gewesen!“

Aromal: Worauf warten wir also noch? Let do this – Super-Secret-Spionage-Stil!

Während ich Mama ablenkte (ich fragte nach Eiscreme, die sich nach unten drehte, bis ich in einer Debatte darüber landete, ob Vanille oder Butterscotch besser war. Die Ablenkung funktionierte perfekt!), schlich sich Aromal an und packte den dritten Stein, der gelblich-orange bernsteinfarben glänzte. Die nächsten Anweisungen führten sie zu einem großen Schrank außerhalb ihrer Reichweite. Mit etwas Teamwork und einer Reihe von Gummibändern fanden sie den nächsten unheimlichen blauen Stein. *" An den Ort, an den Sie gehen müssen - wo Bücher, Fakten und Wissen fließen", lautete* es. Nachdem sie den Eltern ausgewichen waren, sich durch kleine Räume geschlichen hatten, sich hinter Möbeln versteckten und vieles mehr, fanden sie immer mehr Steine.

Ihr 18. Stein sagte ihnen, sie sollten sich in Austins Vaterbüro schleichen. Das ging eine Weile so weiter.

Bald hatten sie ein Gesteinsbündel. Aromal schnappte sich den letzten. Der letzte Stein war der größte, und er strahlte ein türkisfarbenes Leuchten aus. Darauf stand: "***Die** Hunundru-Höhle*". Austin drehte den Stein um und fand eine neue Inschrift:

"Finde das Leuchten, dann

du wirst es wissen; wo es sein wird, bald

du wirst sehen"

Austin machte eine schnelle Suche und erfuhr, dass es eine der ältesten Höhlen DER WELT war! Er schaute sich eine Karte der Höhle an.

"Ist das nicht der Ort, an den wir als Klassenfahrt gehen?" Aromal gefragt.

"Ja", antwortete Austin.

Also machten Austin und Aromal am Tag der Exkursion einen Plan:

Aromal sah sich den Plan an. "Wir haben mehr Zeit mit den Zeichnungen verbracht als mit dem eigentlichen Plan, oder?"

"Ja", sagt Austin. Da der Plan größtenteils leer war, spielten die beiden Tic Tac Toe. Austin kritzelte ein Smiley-Gesicht und einen Dinosaurier.

Austin und Aromal spielten weiter, bis der Schulbus vor der Höhle anhielt.

Die Schüler strömten aus dem Bus, als die Lehrer sie in die Höhle führten. Die Taschenlampen wurden unter den Kindern verteilt, wie der Lehrer sagte: „Kinder, bleibt in der Nähe!“.

Austin flüsterte: „Aromal, denk daran, halte dich an den Plan“.

"Okay. Moment, was für ein Plan?"

Bald war der Lehrer zusammen mit den anderen Kindern in die dunkle, feuchte Höhle gezogen.

Der Tropfen von Stalagmiten und Wasser hallte um sie herum.

Aromal und Austin sahen sich an und nickten dann.

Sie schalteten ihre Taschenlampe aus und durchsuchten die Höhle. Moos säumte die Decke und den Boden. Genau wie sie es erwartet hatten (ok, vielleicht haben sie es nicht erwartet, und vielleicht war es nur Zufall), kam ein schwaches Leuchten aus einer fernen Spalte. Als sich die beiden in den Spalt drückten, erhellte sich das Leuchten.

Das Rauschen von Moos war zu hören, als sie an einem "Out Of Bounds" -Gebiet vorbeikamen.

Ein seltsames Leuchten kam von ihm. Als sie sich einschlichen, sahen sie eine riesige Plattform an der Wand mit Löchern, die perfekt für jeden Stein geformt waren! Sofort begannen Austin und Aromal, Stein um Stein in den Spalt zu legen, wobei jeder aufleuchtete. Sobald alles beleuchtet war, explodierte ein riesiger Ausbruch von Schockwellenmagie durch den Raum.

Bald kam JEFF (erinnerst du dich an ihn?) wieder zusammen. Aromal und Austin standen schockiert da.

Austin hatte Angst. "A – ar- bist du ein -ein Dschinni?"

" Nein, ich bin nicht eines dieser blah-blah-blah-märchenhaften blauen Dinge. Ich bin ein echter Sprite. Ähnlich, aber völlig anders. Ich bin derjenige, der die Welt erschaffen hat “, antwortete Jeff .

Jeff erklärte bald alles, wie er die Welt erschaffen hat, wie Menschen entstanden sind, wie Tiere entstanden sind... Und nach etwa einer Stunde des Erklärens beendete er seine Rede.

Aromal fragte: " Also sind Menschen der Grund dafür, dass alles Schlimmes passiert ist?".

Jeff antwortete: „ Ähm.... Ja, ich denke"

“Also sind wir wirklich so schlecht?"", fragte Austin.

" Nicht alle von euch", sagte Jeff. „Einige der Menschen helfen der Natur. So habe ich es geschafft, diese Steine zu schicken. Je mehr Hilfe die Natur bekommt, desto mehr meiner Kraft kehrt zurück. Aber wie gesagt, nur einige von euch tun es tatsächlich. Der Rest nicht. "

"Also, wie retten wir eigentlich die Natur?" Fragte Austin.

"Nun, als ich in den Himalaya rannte -". Sagte Jeff.

"Warte, wann warst du im Himalaya?" Aromatische Unterbrechungen

"Ich habe ein geheimes Zuhause im Himalaya, wo ich mich versteckte, als die Magie zu verschwinden begann. Sonst würde ich auch verschwinden! Ich versteckte mich dort und las mein Handbuch "How to build and run a universe (FOR NEW SPRITES)".

"Warte, dafür gibt es ein Handbuch?" Fragte ein überraschter Austin.

"Ja, es wurde mir von meinem Urgroßvater geschenkt!"

„GÖTTER HABEN GROSSVÄTER?!“, fragte Aromal.

„Erstens bin ich kein Gott! ICH BIN EIN SPRITE! Zweitens war es mein Urgroßvater. Warum können Sprites keine Großväter haben? Hörst du jetzt auf, mich zu unterbrechen?“, antwortete Jeff.

Die beiden nickten.

"Wie ich schon sagte, las ich das Handbuch und recherchierte etwas über Sproogle (Sprite Google) und erfuhr, dass es Menschen waren, die den Untergang der Magie verursachten".

Austin fragte: " Was tun wir heute?".

Jeffs antwortete: "Nun, Menschen fällen Bäume, die Kohlendioxid freisetzen. Sie sehen, Bäume absorbieren Kohlendioxid (ein Treibhausgas, das unsere Atmosphäre dick macht, Wärme einfängt und den Planeten erwärmt) und setzen Sauerstoff frei. Wenn Sie Bäume töten, setzen sie Kohlenstoff frei und verursachen einen Klimawandel, der schmelzende Gletscher, ungewöhnliche Wettermuster und einige Orte, die sich erwärmen, während andere abkühlen, VERURSACHT. Im Grunde genommen nichts Gutes. Außerdem verlieren wir unsere Häuser. Und es verursacht Bodenerosion, die..."

Austin unterbrach ihn und sagte: "Okay, okay, ich kann den Leuten sagen, dass sie aufhören sollen, Bäume zu fällen."

"WARTE!" sagte Jeff. " Es gibt noch mehr!"

"Was???", chorierten Austin und Aromal überrascht!

„Ja! Menschen werfen ihre Abfälle in Ozeane, Desserts usw., was nicht nur Tieren, sondern auch dem Ökosystem schaden kann!“

" Und", fügte Jeff hinzu, " du wirfst giftige Substanzen in den Boden und verursachst Bodenverschmutzung!".

Aromals Verstand war überwältigt. „ Ich hätte nie gedacht, dass wir die Natur so schlecht behandeln. Sag mir, wie kann eine Natur retten?"

Jeff antwortete: „ Indem wir die Umweltverschmutzung reduzieren, weniger natürliche Ressourcen verschwenden und die Zerstörung aller Echosysteme vom Meer bis zum Himmel stoppen“.

" Also, indem wir das Wort verbreiten, werden wir anderen Menschen helfen, das Leiden der Natur zu verstehen?" Fragte Austin.

Jeff:Ja! Verbreiten Sie das Wort und helfen Sie, die Natur zu retten!

Und so taten sie es. Sie rannten zurück zur Gruppe und erklärten alles. Dann ging die gesamte Klasse zurück in die Schule und machte eine Liste von Dingen, die sie zum Schutz der Natur tun konnten. Am nächsten Tag, nach viel Überzeugungsarbeit, hielten Austin und Aromal eine kurze Rede über die Natur und verbreiteten das Wort, während sie daran arbeiteten, die Welt zu einem magischeren und naturfreundlicheren Ort zu machen. Und als die Kinder langsam die Stadt veränderten, beobachtete Jeff aus den Wolken. Vielleicht gab es Hoffnung für die Natur, wenn alle ihr halfen, sich zu erholen. Und die Kinder haben geholfen, indem sie ihren kleinen Beitrag zur Rettung der Natur geleistet haben.

Die geflügelte Zukunft

Dr. James Hendrosen stapfte mit seiner Crew durch den dichten Dschungel Indonesiens. Der stets unerschrockene Entdeckerwissenschaftler war derzeit zu Forschungszwecken auf der Suche nach der Rafflesia-Blume (einer seltenen, großen Blume). Es regnete, aber er ging immer entschlossen weiter. "SIR?", keuchte James 'müder Helfer Leon Walkerinston. "Sir, wann können wir aufhören? Wir sind schon kilometerweit gewandert, und alle sind müde und erschöpft. " Dr. James fuhr fort, und Leon verstummte. Als sie im Regen gingen, kam ein plötzlicher Geräuschausbruch von einem nahe gelegenen Baum. Dr. James war erschrocken und rutschte rückwärts in den Dreck und fiel auf einen Haufen. Leon kicherte. Ein großer schwarzer Vogel flog vom Baum und schlug Dr. James auf den Kopf, bevor er davonflog. "Dummer Vogel...", sagte Dr. James. "Ich hasse diese gefiederten Freunde!". Dies war das dritte Mal, dass er von einem Vogel erschreckt worden war. Also hob er einen Stein auf und warf ihn auf den Vogel, der davonflog.

„Können wir jetzt wenigstens eine Pause machen?“, fragte die Crew.

"Nun, ich nehme an, wir könnten für ein paar Sekunden in einer nahe gelegenen Höhle anhalten. Mal sehen... die minimale Zeit, die wir dort verbringen können, beträgt etwa zehn Minuten, genug, um uns zu trocknen und ein paar Energieriegel zu essen. Der Rest der Crew wäre jedoch optimal mit Energie versorgt, wenn wir eine halbstündige Pause machen würden. Wenn wir dies jedoch tun, können wir das Camp nicht pünktlich erreichen, also müssen wir den Median nehmen. Also...", dröhnte der Professor. Nach ein paar Berechnungen hielt er in einer Höhle an und sagte: „Wir machen hier eine Pause! Richte ein Lager ein und mache ein kurzes Nickerchen. Dann, nach 15 Minuten, kehren wir zurück. Tally-ho!“. Als der Rest des Teams sein Lager aufschlug, erkundete Dr. James die Höhle. In der Ecke fand er etwas, das mit einem dicken Tuch bedeckt war. Er riss das Tuch ab und enthüllte... eine Maschine!

Mit verrostetem Metall, das unter Dr. James 'Fackelschein glänzte, war die Maschine wirklich großartig. Mit Edelsteinen in allen Farben, die in Nieten, Haltern und einem Motor gehalten wurden, sah die Maschine magisch aus.

Alt und magisch, das heißt. Es hatte Hebel und Sitze, Räder und Getriebe. Es gab ein altes, zerfleddertes, handgeschriebenes Etikett mit der Aufschrift „*Tempus Machina*“.

Es gab eine Lehre mit den Einstellungen "120" und eine weitere "120". Die Anzeige zeigte und die ersten 120. Es gab auch einen Hebel...

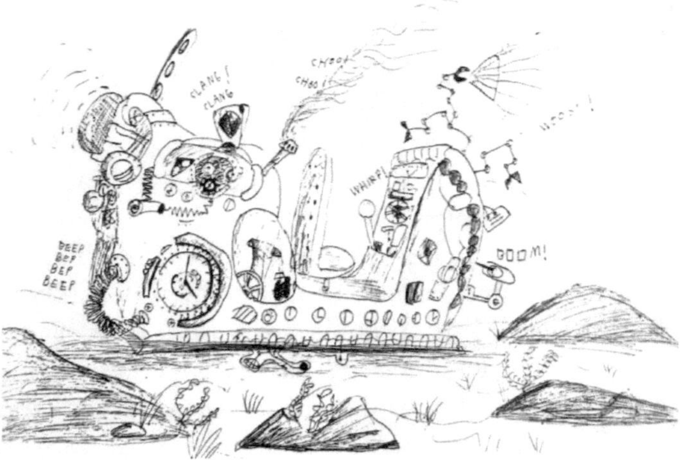

Dr. James 'Verstand war in zwei Teile gerissen. Eine Hälfte sagte: "Wenn ich diesen Hebel ziehe, könnte dies dazu führen, dass die Maschine verbrennt (Glasstücke und Schrapnell in meinen Körper schickt) oder giftiges Gas freisetzt, oder-".

Die andere Hälfte sagte: „Aber es könnte auch etwas Gutes bewirken! Schließlich, was ist der Schaden?".

Also zog Dr. James den Hebel, und ein blendendes Licht übernahm... und...

....

Dr. James war ein logischer Mann. Er war auf einer Wiese aufgewacht und hatte versucht, seine wirren Gedanken und Erinnerungen zu ordnen. Er erinnerte sich daran, einen Hebel, eine Höhle, eine Maschine gezogen zu haben...etwas namens Tempus-Machina.

Er stand auf und sah sich um. Er glaubte an die Wissenschaft, aber was er gerade sah, besiegte alle seine Erwartungen. Er war in einer grasbewachsenen Ebene, ein paar rosa Büsche sprießen hier und da. Die Luft war lebendig mit Vogelrufen. Eine stadtähnliche Sache funkelte am Horizont. Überall gab es Teiche und Bäume. Ein schöner, süßer Duft lag in der Luft. Leuchtend grünes Gras leuchtete im Sonnenlicht.

"Was ist das? Ich war in den Wäldern Indonesiens, keine Wiese! Ich muss entweder halluzinieren oder träumen. “ Als er das sagte, kniff er und schüttelte sich. Aber er blieb auf der Wiese. Er bemerkte eine rauchende Uhr mit ein paar... Dingen, die neben ihm herausragten. Es war geknackt. Dr. James ignorierte es und starrte auf den Horizont.

"Wie hätte das funktionieren können?", fragte er. Als sich seine Gedanken trennten, saß ein kleiner Singvogel vor ihm und zwitscherte fröhlich davon. „Oh, was für ein süßer kleiner Vogel“, begann Dr. James, als der Vogel „INTROOODER! INTROOODER!". Sofort stürmten ein paar große stämmige Eulen (Dr. James erkannte, dass dies Blakistons Fischeulen waren, die größte Eule der Welt) und packten ihn.

"Warte! Du kannst mich nicht so behandeln! Ich bin ein raffinierter Wissenschaftler!", schrie er.

Aber die Eulen schleppten ihn weiter, in Richtung Stadt.

Dr. James trat und schüttelte, aber vergeblich. Er sah einen Schwarm Flamingos in einem nahegelegenen Teich tummeln, mit ein paar Sandläufer, Flussseeschwalben und Enten. Sie nippten an Säften aus Strohhalmen, wobei eine Flussseeschwalbe zu einem unsichtbaren Schlag mit dem Kopf nickte. Die Stadt erhob sich über ihn.

Die Stadt war wie eine menschliche, aber aus poliertem Holz, Kristall und Gestein; geschmückt mit Vögeln aller Formen und Größen. Überall waren Drähte und Äste. Die Fenster standen weit offen, so mancher Vogel saß da und schaute hinaus. Bäume wuchsen von den Seiten und aus Töpfen, und ÜBERALL wuchs Grün!

Viele Vögel hockten, flogen, riefen und sangen. Sie alle blieben stehen und starrten den armen, nervösen Wissenschaftler an. In der Mitte der Stadt stand ein gewölbter Turm, der wie ein Baum kleinere Türme sprießen ließ.

Am Eingang des Turms fragten eine Elster und ein Emu in glänzenden schwarzen Uniformen: "Gib deinen Zweck des Kommens an, Kamerad".

"Ein Prozess im Großen Baumturm", antwortete die Eule.

Sie (zusammen mit einem heruntergekommenen Dr. James) stürmten in den Turm. Nachdem sie ein Elevator-Bubble-Ding betreten hatten, erreichten sie einen weiten Raum, in dem mehrere alte, stattliche und verwitwete Vögel auf Quarzsockeln standen. Es gab einen Dodo, einen afrikanischen Graupapagei, einen riesigen Kasuar, und...war das ein Archaeopteryx? Ihre Gesichtsausdrücke waren freundlich, aber abweisend.

Sie befragten ihn. "Wie bist du hierher gekommen?". "Frieden oder Krieg?". "Hast du irgendwelche Waffen?" Zwei Emus-Wachen, die etwas hielten, das wie ein langer Schraubenschlüssel aussah, traten auf ihn zu. Die Schraubenschlüssel funkelten mit grünem Licht.

"Ich komme aus einer Höhle! Es gab eine Maschine mit der Aufschrift "Tempus Machina" und ich zog sie und - und ich wachte auf einer Wiese auf", plapperte der nervöse Wissenschaftler.

Die Vögel seufzten. Einer reichte ihm eine winzige Schachtel mit einem grünen Draht und einer Antenne, die herausragte. "Es ist ein Übersetzer. Jetzt wiederhole bitte, was du gesagt hast, langsamer?", fragte der Dodo.

Am Ende von Dr. James langer Erklärung standen die Vögel ruhig da und sahen sich an.

Ein Emu legte sein Schraubenschlüssel-Ding nieder und setzte sich. Dann meldete sich der Archäopteryx zu Wort. "Wenn das, was du gesagt hast, wahr ist, dann bist du auf eine verbotene

Maschine gestoßen. Das Etikett „Tempus Machina“ ist lateinisch für „Zeitmaschine“. Das bedeutet, dass du in die Zukunft geschickt wurdest. “

Der afrikanische Graupapagei fragte: „In welchem Jahr warst du in der Höhle?“

“2024…”

"Nun, im Moment ist es das Jahr 9024. 7000 Jahre in Ihrer Zukunft".

Dr. James starrte entsetzt in die feierlichen Augen des Vogels. "Nein, das kann nicht sein..."

„Und um Sie auf den neuesten Stand zu bringen, was passiert ist, starb der letzte Mensch vor etwa 3000 Jahren in einer Revolution aller Tiere. Die Tiere ergriffen Ressourcen, Waffen und stürzten Menschen, bevor sie die verschmutzte Erde heilten. “

Dr. James schnappte nach Luft. "Heißt das ... Ich bin der einzige Mensch auf der ganzen Welt? Wie komme ich zurück zu meiner Zeit? Wie komme ich nach Hause?"

Der Kasuar sah ihn traurig an. „Aus diesem Grund wurden sie als verbotene Maschinen bezeichnet. Sobald du sie benutzt hast, ist es unmöglich, zurück zu kommen!

"Aber, aber - das bedeutet...: Dr. James ließ den Kopf vor Scham hängen und dachte an die Kreaturen, die dank der Menschen ausgestorben waren. Er selbst erinnerte sich, dass er den Stein auf den Vogel geworfen hatte. Jetzt wäre die Menschheit ausgestorben. Eine Träne tropfte über seine Wange. Jetzt würde er aussterben, als letzter Mensch. Für... immer...

"Nein!" Kündigte der Wissenschaftler an. „Nein,nein, nein! Ich glaube dir nicht. Ich muss halluzinieren!" Als er das sagte, kneifte er sich und zuckte zusammen. "Okay... Ähm...".

Der afrikanische Graupapagei bedauerte den armen, nervösen Mann und sagte: "Obwohl wir nicht viel tun können, werden wir versuchen, dich unterzubringen, bis wir einen Weg finden, dich in die Vergangenheit zurückzuschicken."

"Wenn wir dich in der Zeit zurückschicken können, das ist", sagte eine nicht hilfreiche Taube, die den Raum betreten hatte. Er hielt ein Tablett mit Tassen... etwas teeähnlicher Substanz, die er jedem anbot. "Harold!", schimpfte der Dodo.

Trotz der düsteren Situation übernahm der innere Experimentator im Inneren von Dr. James, und er (höflich) bat Harold die Taube um etwas von dem... Vogeltee? Tee? Braune Flüssigkeit? Wie sollte er es überhaupt nennen? Hmm, Bird Tea hatte einen schönen Klang, also entschied sich Dr. James dafür. Wie auch immer, er nahm einen großzügigen Schluck Vogeltee und... * ***PHOOO!***. Er spuckte die faulige Flüssigkeit aus. Es war EKELHAFT. Die Vögel verdrehten die Augen und der Kasuar sagte: "Wir werden etwas leckeres Essen für dich kreieren, aber bis wir es in unseren Labors herstellen, musst du es durch einige weniger ansprechende Pillen ersetzen."

Mit diesen Worten warf der Kassowar einen rautenförmigen Behälter auf Dr. James. Der Behälter sah aus, als wäre er aus samtigem Schaumstoff, war aber steinhart. Nach ein paar unangenehmen Minuten, in denen James den Diamanten öffnete, verschütteten sich ein paar durchscheinende blattförmige Pakete mit Pillen aller Formen und Größen. Es gab Etiketten auf jedem, und er stopfte sie in seine Tasche. Dann wurde er in ein Hotel geschickt, um sich auszuruhen. Er wurde mit einem flügellosen, blattlosen Hubschrauber aufgenommen, und als er schließlich ankam, war er in Ehrfurcht. Die großen Worte "DER EXTRAVAGANTE FLAMINGO FLAMINGO" waren darauf. Vögel waren überall.

Als er zum Eingang ging, begrüßten ihn üppige Gärten. Ein mit Lotusblumen und Seerosenblöcken bedeckter Pool, der mit herumtollenden Vögeln gefüllt war, war an seiner Seite. Es gab Red Wattled Kiebitze, Sandpipers, Flamingos, Jacanas, alle Arten von Reihern und einen mürrisch aussehenden Storch, der sich überall drängte. Die Schwalbe, die ihn gefahren hatte, hörte den Vogel an der Rezeption sprechen (ein Sittich!), der James sein Zimmer zeigte. Es hatte ein breites Fenster und einen coolen Look. Es gab eine Stange, auf der er schlafen konnte, aber die wurde herausgezogen und durch ein richtiges Bett ersetzt! James bedankte sich bei der Schwalbe, bevor er in sein Bett tauchte. Heute war ein anstrengender Tag gewesen. Er schloss die Augen und trieb in einen dunklen, tiefen Schlaf... bis er von einer Botentaube grob geweckt wurde. " Komm zurück zum Großen Baumturm!".

Die Taube und Dr. James rannten zum Baum, wo der Dodo eine Rede hielt. Er hat sein... Mikrofon eingestellt? Es sah eher wie eine Straßenlampe aus, die mit einem cctv gemischt war, bevor es der Vogelmenge unten angekündigt wurde. „Liebe Vögel und Fledermäuse, Tiere und Kreaturen, heute möchte ich ein Projekt ankündigen. Projekt ***HumanRE-life***.“

Ein paar unsichere Blicke breiteten sich in der Menge aus. „Wir alle wissen, dass die Menschen böse waren und uns und unseren Planeten zerstört haben. Aber jede Spezies macht Fehler, und alle Spezies können sich ändern. Also haben wir vom Bird Council beschlossen, ihnen eine letzte Chance zu geben, und haben beschlossen, die Menschen wieder zum Leben zu erwecken!“ Ein riesiger Aufruhr, einige positiv und einige negativ, kommt von der Menge. Einige Vögel halten digitale Plakate mit Sätzen wie "Menschen haben uns nichts als Streit gegeben, warum sollten wir sie wieder zum Leben erwecken?". Ein anderes Plakat lautete: " Menschen verdienen eine zweite Chance, vielleicht, nur vielleicht, könnten sie vorankommen!". Einige protestierten, andere nickten mit dem Kopf.

Gab es Hoffnung für die Menschen? Würden die Vögel ihnen ihre vergangenen Fehler verzeihen?

Das wurde beschlossen, als der Dodo sich meldete und sagte: „ Wir sollten ihnen eine weitere Chance geben. Sie haben ihre Fehler gemacht, aber das war in der Vergangenheit. Und wenn wir ihnen keine weitere Chance geben, dann werden wir nicht besser sein als die Menschen der Vergangenheit und eine Spezies, die Mutter Natur sorgfältig gefertigt hat, aussterben lassen. “ Danach ließen die meisten Vögel ihre anti-menschlichen Karten fallen und klatschten mit den anderen. Dr. James stand da, in Ehrfurcht. Wenn Vögel so nachsichtig sein könnten, selbst nachdem Tausende von ihnen unter menschlicher Herrschaft ausgestorben sind, dann könnten Menschen sicherlich gut sein. Sicherlich könnte der Mensch mit der Natur koexistieren. Und auf jeden Fall gab es Hoffnung für Menschen und für Tiere gleichermaßen.

Der Schwanz des schwanzlosen Tamarins!

Tief (rechts in der Mitte, um genau zu sein) im Regenwald von Timbuktaroo gab es einen Tamarinaffen. Ein goldener Löwe Tamarin, um genau zu sein. Er war ein grausames Tier, unhöflicher als eine Hyäne, ärgerlicher als ein ständig bellender Hund und gemeiner als ein Krokodil. Um es in einem Wort zusammenzufassen: Schlecht.

Wenn ihm jemand sagte, er solle etwas nicht tun, würde er es ohne zu zögern tun. Wenn du ihm gesagt hättest, er solle nicht auf die schlammigen Pfützen springen, würde er es nicht tun. Stattdessen sprang er mit dem Kanonenkugel in die Pfütze und tränkte alle. Wenn seine Eltern ihm sagten, er solle seine Hausaufgaben schreiben, würde er die Hausaufgaben nehmen und in den Müll werfen! Wenn ihm gesagt würde, er solle aufhören, Nussblatt-Kekse zu essen, würde er die Kekse entweder auf die Menschen werfen oder sie in Stücke reißen. Wenn er diese Kekse nicht essen könnte, könnte es niemand! Er schikanierte kleinere Tiere dazu, ihre Nussriegel aufzugeben (ein bisschen wie Schokolade), und während der Dschungelschule saß er auf der Rückbank und kümmerte sich nicht um den Lehrer. Prinzipien, Schelte, Strafen - nichts konnte den Schurken reparieren. Er würde sogar Dinge stehlen (wie Schokolade).

Er würde auch:

- Essen Sie einen ganzen Beegle-Geschmack (ein bisschen wie Schokolade) Geburtstagskuchen, ohne dem Geburtstagstier auch nur einen Krümel zu geben!
- Tritt den WEIHNACHTSMANN, weil er ihm kein Geschenk gemacht hat.
- Sich über alles beschweren
- Zerbrich alles in seiner Nähe, in seiner Reichweite.
- Benutze seine Freunde als Sündenböcke, wenn er in Schwierigkeiten gerät.

Und so weiter...

Wenn ich alles auflisten würde, was er getan hat, wären wir für immer hier. Egal, wie viel er schimpfte, der Tamarin lernte es nie. Also schicken eines Tages Tamarins Eltern (die die Nase voll von ihm haben) Tamarin auf eine Exkursion (damit sie etwas Ruhe bekommen können). Tamarin landet mit seinen Klassenkameraden am Lasanga-See! Es wurde Lasanga wegen seiner Form genannt. "Was für eine Dump-Exkursion", dachte er. Er trat den Tapir vor sich hin. Während die Schüler auf eine Brücke klettern, die über dem See stand, sagte der Lehrer: „Sei vorsichtig, geh nicht in die Nähe des Geländers. Du könntest fallen“. Tamarin achtete nicht darauf und sprang auf das Geländer. Er streckte seinen Tounge aus und machte lustige Gesichter.

„Halt!“, sagte die Lehrerin. "Du wirst fallen!".

"Mir geht es gut", antwortete Tamarin mit einem Zug. "Sorgenratte". Als er das sagte, verlor er das Gleichgewicht und ...***SPLOSH!***

Er fiel in den See. "Mir geht es immer noch gut!" Sagte Tamarin.

Oder war er es? Denn zu dieser Zeit wurde er von einem riesigen Krokodil angegriffen! Krokos sind riesige Krokodile, die blau, schnell und flabillionenfach gefährlicher sind als ein normales Krokodil. Der Kroko schnippte mit den riesigen Kiefern. Tamarin schwamm um sein Leben. Aber der Croco war zu schnell. Es raste durch das Wasser, bevor es sich auf ihn stürzte. Es hat Tamarins Schwanz abgerissen. "AAARRRGHHH!".

„Hilfe!“, rief Tamarin.

"Warum? Als ich dir sagte, du sollst nicht auf das Geländer gehen, war es dir jemals wichtig?" , Sagte die Lehrerin.

„Es tut mir leid, ich werde auf meine Ältesten hören und gute Dinge tun und deinen Befehlen und anderen Dingen folgen, HOL MICH EINFACH HIER RAUS!“, schrie Tamarin.

"Ok, schlag dem Kroko in die Nase". Antwortete der Lehrer lässig.

Tamarin schlug den Croco, der vor Schmerzen verdorrte, fassungslos (Crocos hatte eine Schwachstelle auf der Nase, die ihn betäuben konnte, wenn er hart genug geschlagen wurde. Mit lebenslangem Schlagen und Mobbing hatte Tamarin mehr als genug Erfahrung mit Schlagen). Tamarin schwamm sicher davon. Von da an nannten ihn alle "Der schwanzlose Tamarin". Jedes Mal, wenn er auch nur daran dachte, etwas Böses zu tun, erinnerten ihn der Kroko und die kahle Stelle, an der sein Schwanz einmal war, in seinem Kopf. Er verdorrte vor Scham. Und seine bösen Wege? Nun, er hörte den Ältesten zu und gehorchte ihnen nie.

In der Zwischenzeit, tief im See, lächelte der Croco. Er würde das nächste Mal auftauchen, wenn Gerechtigkeit gebraucht würde...

Die Kätzchengeschichte

"Miau!" Ich öffnete meine Augen für einen weiteren hellen Tag. Meine vier anderen Geschwister waren bereits wach. Mama hat mich sauber geleckt, bevor sie mich verlassen hat, um meine Geschwister zu jagen. Ich flüchtete aus unserem Haus - ein riesiges, verzerrtes baumartiges Ding. Die Sonne schien am Horizont. Lassen Sie mich mich vorstellen - ich bin ein Kätzchen namens Slinky. Ich lebe auf einer Art buntem Baum. Es ist ein seltsamer Baum - ohne Blätter, ohne Äste und ohne sichtbare Wurzeln! Sie sehen aus wie riesige Quadrate und Rechtecke und haben diese Löcher überall. Diese Löcher sind durch eine Art unsichtbare Barriere blockiert - ich habe meine Nase viel zu oft an dieser Barriere getroffen. Es hat auch viele verschiedene Eingänge, einen oben, einen unten und einen, der durch eine weitere unsichtbare Barriere blockiert wird!

Außer uns gibt es einige seltsame zweipolige Tiere namens "Hoomans", die im Inneren des Baumes leben. Sie schienen es ausgehöhlt zu haben. Ich denke, sie sind eine Art flugunfähiger Specht. Aber wenn sie es sind, dann sind Hoomans ein sehr seltsamer Specht. Sie ändern ihre Farbe und ihre Haut hängt locker. Ich sehe eine zweite Hautschicht unter dieser bunten, losen Schicht. Sie leuchten auch im Dunkeln. Ja, ich weiß, es klingt unglaublich! Aber sie können es! Nachts strömt Licht aus den kleineren Löchern mit unsichtbaren Barrieren.

Ich mag keine Spechte, aber Hoomans sind nicht so schlecht. Einige geben mir eine Art wässriges Ding, von dem ich gehört habe, dass es als "meelc"bezeichnet wird. Ich persönlich halte es nicht aus. Mama sagt jedoch, dass es mir helfen wird, zu einer großen und mächtigen Katze wie dem Tiger heranzuwachsen! Willst du so stark wie ein Tiger sein? Nun, das tue ich auf jeden Fall!

Miau, ich habe Hunger! Ich frage mich, wann das Frühstück ist. Wie auch immer, lassen Sie mich Ihnen meine Geschwister vorstellen: Brownie, Growler, Spots und Pea (die kleinste von allen). Sag ihnen das nicht, aber... ich finde sie ein bisschen nervig und klaue immer mein Essen und Spielzeug!

Mein Lieblingsteil dieses Baumes ist der höchste Teil. Es hat eine große schwarze Flasche (mit etwas Wasser darin) mit mehreren weißen Dingen, die hineinlaufen. Ich weiß nicht, ob es sich um Reben oder eine Art Schlange handelt. Ich habe gehört, dass Menschen diese Schlangenreben als "Kuchen" bezeichnen. Wie auch immer, ich sitze gerne da und bade im Sonnenlicht. Ich mache das oft, wie gerade jetzt! Es ist ziemlich friedlich hier oben... ich-OUCH! Sprach zu früh - Growler drückte mich runter. Ich und meine Geschwister kämpfen ständig um die bequemsten Plätze. Ich rufe nach Mama. "MOOOOOM! GROWLER HAT MICH RUNTERGEDRÜCKT! ICH BRAUCHE GERECHTIGKEIT!“ Mama leckt mich einfach sauber und gibt mir mein Frühstück - eine tote Maus. Mmmmh, lecker! Ok, fertig gegessen. Jetzt entschuldige mich, während ich Brownies Schwanz für eine Weile jage...

Ok, du wirst nicht glauben, wie viel gerade passiert ist! Ich habe mit meinen Geschwistern gespielt (ok, nicht gespielt. Ich ärgerte sie, indem ich mich auf sie stürzte, bevor ich weglief), als eine riesige Rakete vom Himmel schoss und versuchte, mich zu schnappen! Es war eine Art Dämon namens "Drachen", der wie ein Adler ist, nur ein Indianer. Es verfolgte uns, bis Mama kam und zischte. Es war furchterregend! Mama hat entschieden, dass dieser Baum uns nicht gut genug beschützt hat, also ziehen wir zu einem anderen Baum. Wir haben alle protestiert, aber Mom hat uns gerade an unserem Hals hochgehoben und ist davongelaufen. Als wir aus Mamas Mund baumelten, beobachtete ich, wie wir unseren Baum verließen. Mama sucht immer noch nach dem schnurrenden Zuhause, aber ich habe Angst. Ich kann überall schreckliche Dinge sehen! Große, bellende Hunde, rumpelnde, murrende Kisten mit Hoomans im Inneren, die "Kars" genannt werden, und ein paar territoriale Hoomans, die uns wegschießen! Die Sonne geht unter, und ich weiß nicht, wann wir ein neues Zuhause finden werden.

Wir gehen von Ort zu Ort, bis schließlich, vor einer Sackgasse, auf einem Baum, Mama uns gehen lässt. Wir tummeln uns in unserem neuen Zuhause. Es hat einen roten Baldachinboden, mit einer weiteren schwarzen Wasserflasche. An einem Ende des Baldachins befinden sich vier schwarze Stöcke mit einer Art flachem, dünnem Belag. Wie ein hohler Kasten ohne Wände. Es bietet jedoch etwas Schatten! Es gibt auch einen Haufen rosa Reben mit Hooman-Haut darauf. Ekelhaft. Sie tropften mit etwas Flüssigkeit. Erbse öffnete seinen Mund und ließ ein paar Tropfen auf seine Zunge fallen. Sein Gesicht zerknitterte und er spuckte sie sofort aus. Mamas Warnung, nichts zu essen, kam etwas zu spät. Brownie hüpfte überall hin und sprang überall hin! Ich machte ein Nickerchen unter einer winzigen Höhle. Nun, Bewegung war ermüdend... zzzzzzzz.

Miau! Guten Morgen zusammen! Ich wachte mit dem Geräusch von Pfotenschritten auf – hooman paw-steps. Ich scamperte und kauerte mich sofort hinter Mama. Es kletterte mit einem sogenannten "starren Fall" den Baum hinauf. Ich denke, dass Hoomans sie machen, indem sie wie ein Specht auf den Baum picken. Dieser Mensch kam mit einer hellrosa Haut. Es entdeckt uns, bevor es vorsichtig zu den rosa Reben mit menschlicher Haut übergeht. Der Hooman klopft auf die Häute, bevor er einige von ihnen entfernt und übereinander stapelt. Es entfernt auch diese bunten Dinge von der Haut. Mama sagt mir, dass sie "Cleips" genannt werden und verwendet werden, um die Haut an Ort und Stelle zu halten. Dann sieht Spots (mein Geschwisterchen) einen anderen, kleineren Menschen. Es späht hinter dem starren Fall hervor. Spots hat etwas entdeckt! Es scheint verängstigt zu sein, so wie ich! Knurrspitzenzehen darauf zu, aber Mama zieht ihn zurück.

Nach einer Weile gehen beide Hoomans den Stare Case hinunter und verschwinden aus dem Blickfeld. Dann gehe ich wieder mit meinen Geschwistern auf Entdeckungsreise. Ich schaue mir alle Ecken und Winkel an, bevor ich mich frage: „Wo sind die Hoomans hin? Wohin führt der Stare Case?“.

Mama sagt mir, ich soll mich von den starren Fällen fernhalten. Aber irgendwann überwältigt mich die Neugier. Ich versammle meine Geschwister, um das Unbekannte zu erkunden - um zu sehen, was noch keine Katze zuvor gesehen hat, — UM die HÖHLE DER HOOMANS ZU ERKUNDEN!

Brownie ist etwas skeptisch. Sie scheint nicht daran interessiert zu sein, ihren bequemen Platz unter der Höhle zu verlassen, nur um woanders hinzugehen. Aber schließlich beschließt sie, mit mir, Erbse, Growler und Spots zu kommen. Wir warten, bis Mama Essen holt, bevor wir uns zu den starren Fällen schleichen. Ich als Organisator der Expedition hatte das Gefühl, dass es nur fair ist, dass ich zuerst gehe. Also versuche ich, von einem Schritt zum anderen zu springen, aber am Ende stolpere ich nach unten. Meine Geschwister folgen. Der stets vorsichtige Brownie sorgt dafür, dass wir wieder nach oben klettern können, bevor wir die Expedition fortsetzen. Es gab viele Pflanzen, die von den Wänden hingen und vom Boden wuchsen. Die Wände sind mit einem Gitter bedeckt, und ein Eingang in den Baum steht vor uns. Erbse geht sofort und kaut auf einem Blatt. Was soll ich sagen, dieser Kerl isst alles! Ich überlege und frage mich, wie wir in den Baum eindringen können. Diese Eingänge können normalerweise nur von Hoomans geöffnet werden, aber dieser schien halb blockiert zu sein. Ich stoße an die Blockade (die aus Holz war, mit einer glänzenden Metallkugel auf einer Seite) und sie bewegt sich ein kleines bisschen. Zusammen mit Growler öffne ich den Eingang.

Es offenbart - ein weiteres Paar von starren Fällen. Diesmal sind sie grau, kalt und rutschig. Ich höre ein Pittern von unten. Wir stürzen das erste Paar leise hinunter und entdecken einen Rumtreiber, der vor einem leuchtenden Ding sitzt. Es scheint ein anderer Rumänner in dem Ding zu sein, und es bewegte sich! Erbse fing an zu wimmern, aber wir waren so weit gekommen - wir mussten weitermachen.

Unter uns waren drei weitere starre Fälle, und wir kippten unseren Weg nach unten. Es gab so viele Kammern in diesem Baum! Brownie erkundete einen Raum mit einer großen, rechteckigen Box, die zu unserem Erstaunen weich und bequem war! Es hatte kleine weiße Dinge, die sich wie Wolken anfühlten. In der Ecke lag ein Stapel von scheinbar flachen, flauschigen, bunten Wolken. Brownie rollte sich zu einem Ball zusammen und machte ein kleines Nickerchen. Erbse knabberte unterdessen an einem weißen, dünnen Ding auf dem Boden. Ich und Spots betraten einen anderen Raum mit einer gruselig aussehenden Eidechse, die darauf gezeichnet war. Darunter befand sich ein Hooman-Etikett. Im Inneren befanden sich riesige Kisten mit Stapeln weißer dünner Dinge mit Rummelwörtern. Wir fanden ein anderes federndes, bequemes Ding und eine kartoffelartige Tasche, die weich war, aber ihre Form änderte, als wir uns darauf bewegten. Sie hatte die Form einer Bohne. Ein Sitzsack, so nenne ich das Neue!

Es gab auch alle möglichen seltsamen Dinge dort. Eidechsen aus geschmacksneutralen Hartstoffen sowie Vögel, Käfer und Kaninchen in ähnlicher Form. Ich nahm einen Vogel und fing an, ihn hin und her zu schlagen. Eine große Sache mit einem Etikett "Karte", das an der Wand hing. Ich erinnere mich, dass Mama uns Karten beigebracht hat. Überall waren seltsame Objekte in verschiedenen Farben. Es war alles Spaß und Spiel, bis ich ein Geräusch hörte und mich umdrehte, um einen Rummel zu sehen.

"ARRRGH!" Wir schrien beide. Seine Augen waren groß und er hatte Angst! Zuerst zischte ich darüber, bevor es mir leid tat. Immerhin hatte ich es zuerst erschreckt, und das arme Ding schien ziemlich erschrocken zu sein. Wir starrten uns an und wussten nicht, was wir tun sollten. Ich konnte sagen, dass es ein jugendlicher Rummeler war. Ich stieß vorsichtig mit meiner Pfote darauf. Es kitzelte mich leicht unter meinem Kinn, und ich schnurrte vor Freude. Vielleicht war dieser Rumänner gar nicht so schlimm. Es ging weg und kam mit einem kleinen Stück zurück - war das Fisch? Es ließ den Fisch vor mir fallen. Inzwischen hatte Spots den Kartoffelsack verlassen und stürzte sich sofort auf den Fisch. Der Rumtreiber tätschelte uns beide, bevor er uns leise verließ, um den Fisch zu genießen. Ich konnte hören, wie es etwas sagte. Ich konnte nur die Worte erkennen. Weißt du, Mama hat uns beigebracht, wie man

Hooman-Wörter buchstabiert, um besser zu verstehen, wenn sie wütend oder glücklich sind. Ich konnte es sagen hören

"MA! JA, ES GIBT EINE KATZE! EINE KATZE IN MEINEM SCHLAFZIMMER! WIRKLICH! “.

Ich hatte keine Ahnung, was die Hälfte der Wörter bedeutete, aber ich ignorierte es und spielte weiter.

Ich konnte den Rummel sprechen hören, aber ich hörte nicht mehr zu und suchte nach Spots (der in den flauschigen, gemütlichen Wolken-Ding-Raum flog).) Dort war Brownie mit dünnen Wolken bedeckt, und ich konnte Erbsen darin knabbern sehen. Growler war nirgendwo zu sehen. Wo war er? Meine Antwort wurde bald durch einen Absturz beantwortet, als diese seltsamen hakenartigen Dinge von der Versiegelung herunterkamen, zusammen mit etwas Hooman-Haut und Growler. Da kam derselbe kleine Rumänner, mit dem, was ich für seine Mutter hielt. Die Mutter keuchte. Dann starrte sie auf die Haken, die unordentlichen Wolken und auf uns und sagte: „Was auf ERDEN!? WAS IST DAS? “.

"Ich bin eine Katze", antworte ich. Natürlich machen sich diese Hoomans nicht die Mühe, unsere Sprache zu lernen, und anstatt mir zuzuhören, zeigte es nur auf die Wolken-Dinge und sagte "meine KISSEN!". So nennt man sie also. Piloows! Der Rumäner eilt und schießt uns aus dem Raum.

Wir, die wir ihr wütendes Gesicht und ihre Schreie von 'Shoo! Shoo!", rennen Sie die starren Fälle hinauf, durch den Eingang, den nächsten starren Fall hinauf und in unser Haus. Wir verstecken uns hinter einem kleinen Stapel Cleeps und zittern. Es war beängstigend, aber es hat Spaß gemacht, es zu erkunden. Ich beschloss, ein Entdecker zu sein - dem Unbekannten zu trotzen und das Ungelernte zu lernen!

"Das war fantastisch - pfotenweise!" Sage ich. "Lass uns..."

Meine Geschwister haben mich abgeschnitten. "Nein. Nie wieder."

Okay Leute, als Mama zurückkam, haben wir den gesamten Vorfall erzählt. Sie schimpfte mit uns, weil wir uns in die gefährliche Höhle der Hoomans geschlichen hatten, und dann putzte sie uns und gab uns eine leckere Maus und ein paar Reste von Hooman-Mahlzeiten, die sie weggeworfen hatten. Wir haben es mit großer Freude verschlungen, bevor wir den Rest des Tages miteinander gespielt haben.

Dann, am nächsten Morgen, stand ich früh auf und ratet mal, was ich sehe? Ich sehe den kleinen Rummel, der uns ein paar Fische zum Essen hinterlässt! Mama schaut ihn misstrauisch von der Wand an, und er hinterlässt ihr auch ein Stück! Mama knabbert und deutet uns dann an, uns zu verstecken. Der Hooman kommt mit etwas Meelk zurück, das Pea und Growler aufrunden. Brownie drängt sich hinein, und auch ich lecke ein wenig. Ich meine, sicher, Meelk ist ekelhaft, aber ich musste immer noch einen Schluck nehmen, sonst könnte sich der kleine Rummel traurig fühlen!

Später an diesem Tag hinterließ uns der Rumtreiber weitere Dinge und gab uns sogar einen weichen Piloow zum Schlafen! Wie schön. In der Zwischenzeit erforschen und unterhalten wir uns durch:-

1. Mit Vögeln spielen. Ich, Spots und Pea reden und spielen gerne mit ihnen und genießen sie als Freunde und Mitmenschen. Aber Growler jagt sie nur. Brownie tut nichts und wirft uns einen abweisenden Blick zu, als wir versuchen, sie anzurufen, um unsere gefiederten Freunde zu treffen.
2. Spielen Sie ein Spiel, das Growler erfunden hat, genannt "Cleep Protectors". Wir haben jeweils

unsere eigenen Cleeps, die auf einer Seite des Baldachins aufbewahrt werden. Wir müssen uns gegenseitig die Klauen stehlen. Derjenige, der die meisten Cleeps bekommt, gewinnt.

3. Tun Sie nichts. Einfach nur sitzen und in den Himmel starren.
4. Verfolgt einander die Schwänze.

Das ging also ein paar Tage so weiter, bis uns einmal der kleine Rumänner in seine Schicht einlud! Mom lehnte zunächst eklatant ab, aber unser Flehen überkam sie. Also zogen wir in...

DIE HOOMAN-EBENE! Dun dun DUN!

Das erste, was wir sahen, war eine riesige Kiste mit einem großen Loch vorne. Es war ein Hooman-Etikett darauf geschrieben, und darin war ein großer, bequemer Pilow! Es war ungefähr so groß wie die Höhle oben im Baldachin. Es gab ein kleines Licht im Inneren, zusammen mit ein paar Löchern, damit wir nach draußen sehen konnten, ein Regal, auf das wir hinaufklettern konnten, und einen kleinen Teller mit einer Art Fleisch! Der Hooman zeigte darauf und sagte: "Das ist dein neues Zuhause!" Ich musste keine hoomanen Worte verstehen, um zu sagen, was er sagte. Diese Box war unsere neue Höhle! MEOOOW! YIPPEEEE! JUHU!

Jetzt, wo wir hier leben, beschließe ich, ein wenig zu erkunden. Ich werde nach meinen Abenteuern berichten. Miau!

Ok, ich bin zurück und habe einige extrem seltsame Dinge gesehen. Ein feueratmendes Kreismonster an einem Ort namens "Küche" (den die Hoomans gefangen genommen haben, um ihr Essen zu verbrennen); ein runder Kreis, der sprechen kann, genannt "Google Nest"; eine Uhr mit einem Vogel, der sich darin versteckt, der alle paar Stunden herausspringt und mich erschreckt usw. Aber es macht Spaß.

Ich und der kleine Rumänner sind gute Freunde geworden. Er ist ein netter Rumänner, aber er kann manchmal ein bisschen dumm sein. Ich meine, er hat versucht, mich in einer riesigen Wanne mit Wasser schwimmen zu lassen! Aber wenn man das beiseite schiebt, ist alles GROSSARTIG! Whoo, ich denke, ich mache eine Pause für den Tag und mache ein langes Nickerchen. ZZZZzzzzzzzzzz…

Ok, die letzten Tage waren größtenteils gleich. Ich spiele mit meinen Geschwistern, hänge mit dem kleinen Rumtreiber ab, esse leckeres Essen, aber ihr werdet nicht glauben, was passiert ist. Seit gestern geht Small Hooman morgens aus und kommt erst abends wieder. Wohin geht er? Zu einem Ort namens "Scool". Warum? Ich weiß es nicht. Aber jetzt kann ich nicht mehr mit ihm spielen! Er ist ziemlich langweilig geworden, ehrlich gesagt. Warte - hier kommt er jetzt... Er ging sofort, um sich zu erfrischen und zu schlafen. Dieser Scool macht ihn so müde! Weißt du was? Ich habe genug davon. Ab morgen gehe ich mit ihm. MIAU! Lassen Sie uns abwarten...

Gleich am nächsten Tag folge ich dem kleinen Rummel und versuche, mit ihm zu gehen. Aber er lächelt nur und stößt mich zurück. Miau! Die Beleidigung! Emotionaler SCHADEN! Ich versuche es noch einmal, aber er schiebt mich raus und geht weg, eine Wasserflasche haltend. Ich halte für eine Minute inne und mache einen schnellen Plan, bevor ich renne und mich hinter einem großen Stuhl verstecke. Der kleine Bursche wollte gerade gehen, als er anhielt und zurück in den Baum ging, eine kleine Kiste mit einem Sandwich nahm und davonlief. Ich schaffte es, mich unbemerkt hinter ihn zu schleichen. Er rennt auf ein großes, gelbes Kar namens "Boos" zu. Er springt hinein und die Buhrufe BRÜLLEN! Es beginnt zu schütteln, bevor es sich langsam bewegt. Ich husche so schnell ich kann und beiße auf den Rücken des Busses. Da ragte ein kleiner Eisenvorsprung heraus, wo ich saß. Plötzlich schoss der Bus ab, als furchterregende Geschwindigkeit. Ich biss die Zähne zusammen und kämpfte darum, mich festzuhalten. Ich verlor den Halt. Ich sah Hooman-Bäume und andere Kars hinter uns, und alles war verschwommen. Plötzlich schießt ein Gasstoß aus dem Bus, erschreckt mich und lässt mich für eine Sekunde den Halt verlieren. Ich klammerte mich ans liebe Leben und zog mich langsam zurück. Als ich mich wieder auf den Vorsprung zog, verlangsamte sich der Bus und hielt vor einem riesigen Baum, der rot, weiß und sogar blau war! Da war ein RIESIGES Etikett drauf, und ich sah Zillionen von jugendlichen Hoomans mit der gleichen farbigen Haut in den Baum laufen. Es gab zwei erwachsene Hoomans, die den Eingang blockierten. Sie ließen alle jugendlichen Hoomans herein (zusammen mit meinem kleinen Hooman), bevor sie den Eingang blockierten. Ich versuche einzutreten, werde aber stattdessen weggeschossen. Scheiße, sprich über Territorialität! Irgendwann komme ich am Eingang vorbei und verstecke mich unter einer Pflanze, bevor ich meine nächsten Schritte plane. Ich schleiche von Pflanze zu Pflanze, bis ich ein seltsames Baumtunnel-Ding erreiche, das zu einem Haufen Pflanzen und mehr Tunneln und starren

Fällen führt. Ich sehe erwachsene Hoomans mit der gleichen Hautfarbe herumlaufen, einige tragen diese riesigen Dinge, die "Boooks" genannt werden, und andere mit Kisten. Ich schaue mich um und klettere einen starren Fall hinauf. Aber, oh die Schrecken, die ich sah! Ich hörte ein großes, lautes Gebrüll, als ein erwachsener Rummelvogel mit Hut auf mich zukam. Ich renne weg, direkt in einen Stapel staubbedeckter Bücher. Ich und die Bücher fallen herunter und erzeugen eine riesige Staubwolke. Ich niese, schüttle mich sauber und schaue hinter mich - nur um von einem riesigen schwarzen Zylinder mit einem Haufen Knöpfen konfrontiert zu werden. Das Monster hatte einen verrückten Hals und einen breiten Mund, der bereit war, mich zu verschlingen! Es knurrte. Es begann, den ganzen Staub aufzusaugen und hinterließ nichts. Zweifellos war es die Demonstration meines Schicksals.

ES KAM, UM MICH ZU FRESSEN! MEOOW! Ich renne und renne, bis ich in eine Sackgasse gerate. Zitternd schaue ich zurück, um einen Rummel zu sehen, der das langhalsige Monster an seinem übergroßen Hals packt. Es adressierte es als "Vakuum-Ceaner" und drückte einen Knopf darauf. Das Monster hörte auf zu rumpeln. Der Rummel hatte mich gerettet! Mein Held! Ich rannte auf den Rumtreiber zu. Es bemerkt mich nicht, bis ich laut aufschreie. „VIELEN DANK, HOOMAN!“. Es schreit einen heftigen Kriegsschrei und springt zurück. Ich schreie auch und schleiche davon. Ist es das, womit der arme kleine Rumänner jeden Tag zu kämpfen hat? Armer Kerl. Es tut mir leid. Zweifellos war dieser Ort ein Überlebenstrainingslager. Ich zittere vor Angst. Ich bete, um zu sehen und zu gehen - und stattdessen sehe ich EIN HOOMAN-SKELETT AN DER WAND KLEBEN! Es hatte Etiketten an seinen Kopfbeinen und Armen. Oh mein Gott, der arme Rummel! Ich habe genug. Kleiner Rummel oder kein kleiner Rummel, dieser Ort ist schrecklich! Ich gehe.

Ich klettere, um zu finden und zu verlassen, und gehe durch mehrere Höhlen; drei Sackgassen; mehrere Pflanzräume; mehrere Räume mit Hoomans darin (ich sah einen erwachsenen Hooman einen kleinen Hooman schlagen und schimpfen); eine Art Himmelsbrücke; und fünf schreckliche Begegnungen, die so schlimm sind, dass ich hier keinen von ihnen detailliert beschreiben werde, bevor ich schließlich den Ausgang erreiche. Ich achte nicht auf die erschrockenen Hoomans, die es blockieren, und laufe hinaus - und in eine seltsame, feindselige und beängstigende Welt. Ich renne und renne, bis ich mich wieder in einer Sackgasse befinde, ganz allein.

Mir war kalt, ich hatte Hunger und Heimweh. Warum bin ich von zu Hause weggegangen?

Ich weiß nicht, wie lange ich kläglich in dieser Sackgasse saß, aber ich wurde von einem Rummel, der mich in den Händen hielt, aus meinem traurigen Schlaf geweckt... nicht irgendein Rummel... KLEINER Rummel! MIAU! YIPPEEE! Ich schnurre vor Freude und fessle ihn liebevoll. Er hatte mich gefunden! Hip Hip Horray! Ich wurde umarmt, geklopft und auf die Wange geküsst, bevor der kleine Hooman mit mir in den Händen nach Hause ging. Als ich nach Hause kam, erzählte ich meinen Geschwistern die Geschichte. Sie waren erstaunt! Growler glaubte es nicht und nannte mich einen Prahler, während Spots und Pea mir applaudierten! Spots nannten mich "King Slinky The Conqueror". PEA war ein bisschen eifersüchtig, dass ich derjenige war, der auf ein fantastisches Abenteuer ging, aber ich versichere ihm, dass es schrecklich war und dass er es hassen würde, wenn er an meiner Stelle gehen würde. Brownie klatscht, und nach all den Fragen setze ich mich mit einem besonders großen Stück Fisch in den Kiefer und mache ein Nickerchen. Abenteuer mögen aufregend und lustig sein, aber wenn all die Kühle und das Adrenalin nachgelassen haben, dann offenbart sich die Wahrheit:

Es gibt keinen Ort wie zu Hause! Miau!

Der einfache, rote Ballon

Es war ein sengender Sommerabend, als ich ein Paket vor meiner Haustür erhielt. Es war von meinen Großeltern! Erst neulich hatte ich Geburtstag! Da meine Großeltern den ganzen Weg in Kerala lebten, würde es einige Zeit dauern, bis ihr Geschenk ankam.

Ich nahm es sofort mit hinein und öffnete mit Hilfe meiner Eltern mein Geschenk. Es war... ein Ballon. Nicht einmal eine Tüte Ballons, nur ein roter, winziger,enttäuschender Ballon. ES HATTE NICHT EINMAL EIN PAKET!

Ich rief meine Großeltern an und bedankte mich, obwohl ich dachte: „Was für ein dummes Geschenk“. Ich meine,ein Ballon? EIN

EINZIGER, REGELRECHTER BALLON? Alles, was es hatte, war ein Heißluftballon-Aufkleber darauf. Ich war genervt und ein wenig enttäuscht. Ich wusste nicht, wie viel Spaß dieses winzige Geschenk machen würde...

Später als am Abend beschloss ich, den Ballon aufzublasen. Ich ging auf die Terrasse, um zu versuchen, den Ballon schweben zu lassen, bevor ich ihn in die Luft sprengte. Immerhin hatte ich nichts anderes zu tun. Ich blies den Ballon, und er begann sich langsam auszudehnen. Aber als ich endlich aufhörte, hineinzublasen, dehnte sich der Ballon weiter aus. Moment, was? Ganz unten im Ballon befand sich ein kleiner Korb mit einem Sitz. Und da wurde mir klar: Der kleine Ballon hatte sich in einen riesigen HEISSLUFTBALLON verwandelt!

Ein Heißluftballon wurde aus 3 Teilen hergestellt: Die Hülle (der eigentliche Ballonteil. Warum heißt es Umschlag? Ich wünschte, ich wüsste es), der Brenner (eine Sache, die Wärme erzeugt, und wenn heiße Luft aufsteigt und den Ballon füllt, werden wir hochgezogen) und ein Korb an der Basis, in dem wir sitzen können. Ich klettere in den Korb und schaue mich um. Winzige Paneele und Bildschirme bedeckten die Innenwände. Der größte Bildschirm zeigte eine Weltkarte und trug die Aufschrift „Wählen Sie Ihr Reiseziel“. Ich sitze ein paar Sekunden still und frage mich, was ich tun soll. Ich beschließe, es meinen Eltern zu sagen. Vielleicht könnte ich sie davon überzeugen, mich auf eine Reise nach...überallhin gehen zu lassen! Aber als ich aus dem Korb klettere, schlägt mein Bein auf das Bedienfeld "Wähle dein Ziel" und es piept. Der Brenner zündet und der Ballon beginnt aufzusteigen ...

Meine Eltern eilen in mein Zimmer und werden mit einem riesigen Heißluftballon begrüßt, der langsam durch das Dach nach oben driftet! "HILFE", schreie ich. Ich versuche, nach unten zu klettern und aus dem Korb zu springen, aber zu diesem Zeitpunkt war der Ballon über dem Haus. Ich baumelte erschrocken aus dem Korb. Wenn ich springen würde, würde ich mir höchstwahrscheinlich alle Knochen brechen. Wenn ich versuchen würde, wieder in den Korb zu klettern, würde ich höchstwahrscheinlich beim Klettern herunterfallen. "Gute logische Argumentation, Austin", dachte ich. "Du musstest nur versuchen, vom Ballon zu springen." Langsam, mein Herz klopfend, klettere ich hoch. Bald erreichte ich die Spitze des Korbes und brach darin zusammen. Ich schaue mir die Panels an und sehe, dass alle Panels Karten hatten. Ein Ballonsymbol bewegte sich langsam über eine gepunktete Linie, die zum... AMAZONAS-REGENWALD führte! Ich wollte mich auf ein Abenteuer begeben! Zuerst war mein Gesicht mit einem riesigen Lächeln bedeckt. Mein Geist träumte von riesigen Waldflächen, mit Tieren und Wildtieren überall! Schließlich habe ich die Natur geliebt! Aber dann wurde mir etwas klar; wie sollte ich nach Hause kommen? Ich hatte auch nichts zu essen und keine richtige Art der Navigation. Ich war hin- und hergerissen zwischen Sorge und Aufregung.

SPÄTER: Mir war ein bisschen langweilig. Meilenweit nichts als Wolken. Hin und wieder sehe ich ein paar Vögel weit in der Ferne. Ich war ungefähr auf halbem Weg durch die Reise. Ich habe mich gefragt, was ich tun soll. Ich starrte nach unten und sank dann wieder in den Korb. Ich war hoch über dem Himmel und unter mir war der Ozean. Bald sammelte ich meinen Mut und schaute wieder aus dem Korb. Etwas Riesiges und Silber schimmerte darunter.

Ich: Ich wünschte, ich könnte besser sehen. In der Tat –

Bevor ich meinen Satz beenden konnte, wird ein Fernglas auf mich gestoßen. Ein mechanischer Arm hielt ihn zu mir. Ich nehme das Fernglas. "Ähm... Danke?" Ich sage zu dem Arm, der mich schüttelte, als wollte ich sagen: „Herzlich willkommen!“. Dann knallte es wieder in eine Platte. Ich wartete dann noch ein oder zwei Stunden.

Einige Zeit später erwachte ich zu einem Schrei von einer Art Vogel. Ich war in einem Wald. Der Ballon war gelandet. Ich schaue herum, riesige Bäume, die sich über die Gegend verteilen. Ein Blätterdach lässt wenig Licht durch. Langsam krieche ich aus dem Korb. Meine Hausschuhe zerquetschen sich im nassen, feuchten Gras. Ein weiterer mechanischer Arm bietet mir einige Schuhe an. "Danke", sage ich dankbar. Ich begann bald zu laufen. Bäume überragen mich. Nicht bedrohlich, sondern eher wie sanfte Riesen. Lianen (eine riesige Art von holziger Rebe), die über die Bäume gewickelt sind. Vogelrufe hallten durch den Wald, wie ein Orchester am Himmel. Das Summen der Zikaden erfüllte die Luft. Ich sehe einen blaugoldenen Papagei durch den Baldachin schießen. Als ich ging, wurden meine Augen von einem Schatten angezogen. Es schießt heraus und krabbelt durch die Bäume. Er kletterte hinauf und schoss durch den Baldachin, sein goldenes Fell schimmerte. Ein Ozelot! Es hielt ein kleines Nagetier in seinem Mund. Es hatte schwarze Linien über sein Fell. Sie starrte mich an, bevor sie wegsprang. Ozelots sind kleine Katzen, etwa so groß wie ein mittelschwerer Streuner. Sie ernähren sich von Kleintieren, Eidechsen und sogar Kaimanen (eine kleine, schwarze Version eines Alligators, die nur in Südamerika zu finden ist und eine V-förmige Schnauze hat)! Ich laufe herum und mein Gesicht grinst.

Als ich etwas weiter gehe, höre ich das Geräusch von Wasser. Als ich weiter gehe, werde ich mit einem überwältigenden Anblick begrüßt. Eine lange, gewundene Wassermasse schwappte vor mir her. Der Amazonas! Ich starrte verwundert zu. Am anderen Ufer faulenzte ein Tapir auf dem heißen Sand. Ein Tapir ist ein großes, pflanzenfressendes Säugetier. Sie können viele Farben haben und sehen aus wie ein Wildschwein, das seine Stoßzähne und Schnauze verloren hat, die durch einen halben Elefantenrüssel ersetzt wurden. Nebel verhüllte den Wald. Eine grüne Eidechse schoss über das Wasser. Ein Basilisk! Ein Basilisk ist eine Art Eidechse, die auf dem Wasser gehen kann. Es hat braune oder grüne Schuppen und lange Zehen. Es benutzte diese Zehen, um auf dem Wasser zu gehen (oder zu laufen)! Es entfaltet seine langen Zehen, wenn es auf Wasser trifft, was dazu führt, dass Luftblasen darunter stecken bleiben, wodurch der Basilisk auf Wasser laufen kann. Während ich auf die wunderschöne Landschaft starre, höre ich ein Geräusch. *

KLICK . KLICKEN SIE AUF. KLICKEN SIE!* . "Seltsam", sage ich." Das klingt wie mein Wecker"...

Ich wache in meinem Schlafzimmer auf. Ich reibe mir schläfrig die Augen. Es trifft mich wie ein Eimer kaltes Wasser: Meine Reise war ein Traum! Ich stehe auf und sehe aus dem Augenwinkel etwas auf meinem Tisch.

Ein kleiner, einzelner Ballon...

Der Otter-Autor

Es ist ein früher Morgen in Goa. Fernab der geschäftigen Städte schlängelt sich ein Fluss durch die Landschaft. Sein Wasser gurgelt über Felsen und Steine und blinkt in der frühen Morgensonne orange und rot. Mangrovenbäume wachsen überall in den kristallklaren Gewässern der Flüsse. Büsche und Scheffel wachsen am Flussufer. Die ruhige Stille des Morgens war friedlich, mit dem Spritzen von Wasser und dem Rauschen des Windes durch die Bäume.

Dann, so schnell wie der Wind, schießt ein brauner Torpedo aus einem nahegelegenen Busch. Wenn er ins Wasser schlüpft, verschwindet er ohne große Kräuselung. Nach ein paar ruhigen Minuten taucht das heimliche Raubtier für das Wasser auf und öffnet seinen Mund, um ein furchterregendes... Zwitschern auszulassen?

„WAKE UP KIDS! Die Sonne geht auf und wartet! Sie wissen, was sie sagen: "Der frühe Otter bekommt den frischesten frischen Fisch!". Es passiert nichts.

"Ähm, Kinder?". Es folgt eine unangenehme Stille. Die Kreatur seufzt, bevor sie in ihre Höhle stürmt. „KINDER! WACH AUF!“

"Neugh. Touo Sleephey" war die Antwort.

Die Kreatur seufzt. Sie war eine Ottermutter, mit drei der faulsten Welpen (Babyotter) der Welt!

Sie packt die drei Welpen und zieht sie aus der Höhle. „Noch fünf Minuten, Ma! BITTE!“, schreit der Kleinste. Sein Name war Pinecone. Seine Geschwister waren Tammy und Sandy. Als Reaktion warf Mama sie in das kalte Eiswasser und fror sie wach. Zähne klappern, Fell am Rand, die Drillinge schossen hellwach aus dem Wasser.

"Du sitzt da und wartest, während ich Frühstück finde. Okay? Kein Herumirren! WAS HABE ICH GERADE GESAGT?“. Tammy schwamm in den Untiefen. Alarmiert rannte Tammy zurück und schloss sich seinen Geschwistern an. "Jetzt bleib hier". Als Mama das sagte, tauchte sie in den Fluss, auf der Suche nach Fischen. Otter aßen Fische, Krebstiere und andere fischige Dinge.

In der Zwischenzeit saß das Trio auf dem Rücken. Otter waren neugierige Kreaturen, die leicht abgelenkt werden konnten. So war es keine Überraschung, dass Tammy bald anfing, wegzugehen, Nase zu Boden, Schwanz in der Luft.

Sandy putzte sich. Pinecone beobachtete die Wellen und fragte sich, warum es Wellen gibt. Pinecone war neugierig und ruhig. Er sprach kaum, als er tief in seine Gedanken eintauchte.

"*Vielleicht kommen sie von riesigen Spritzer flussaufwärts! Aber wer könnte so einen* -". "SPLASH!". Tannenzapfen wurde ins Wasser geschoben. Er sprudelte vor Wut, als er Sandy und Tammy kichern hörte. Jetzt gründlich durchnässt, fand Pinecone keinen Grund, ohne Spaß wieder nach oben zu schwimmen. So schwamm er tiefer, in die Algen, an schimmernden Fischen vorbei. Als er an grauen, dünnen Nadelfischen vorbeikam, zog eine große Gestalt an ihm vorbei. Das war definitiv ein Fisch, aber ein neuer. Mit einem kreisförmigen Körper, der so groß wie ein Teller ist, großen starren Augen und einem einzigen schwarzen Punkt auf dem Schwanz war dieser Fisch brandneu! Neugierig wie eh und je, wurde Pinecones Angst durch Fragen übertönt, und Pinecone schwamm dem (erschreckten) Fisch hinterher. Die Fische tanzten hier und da, im Zickzack und im Zickzack, während Pinecone verfolgte. Schließlich, nach einer langen Verfolgungsjagd, wurde Pinecone ausmanövriert und verlor den Fisch aus den Augen. Pinecone seufzte, bevor er sich umdrehte, um zurück in die

Höhle zu schwimmen - nur um sich selbst verloren zu finden!

"Oh, warum, warum, bin ich diesem Fisch gefolgt!", verfluchte Pinecone. Damals bemerkte er, wie das Wasser jetzt dick und schleimig war. Es gab seltsame Stücke von etwas, das wie transparente Quallen aussah (er hatte von Quallen erfahren, als Mamas Cousine, der Seeotter, ihn besucht hatte), und bunte Metallschalen um ihn herum. Er stieg an die Oberfläche und hoffte zu erkennen, wo er war. Stattdessen steckte er in einer riesigen Masse abscheulicher grüner Schlämme fest, die mit Müll bedeckt waren. Es stank nach stechenden Gerüchen.

"Euugh", sagte Pinecone und kniff sich in die Nase. "Ihr plwace wis disgooosten! (Er meinte" dieser Ort ist ekelhaft ", aber es war schwer, normal mit einer eingeklemmten Nase zu sprechen)". Er schaute sich um und versuchte, die Quelle dieses Schlamms zu finden, und sah in der Ferne eine riesige, graue Wand? Daraus ragte ein großes, zylindrisches Objekt mit einem Loch in der Mitte. Daraus sammelte sich grüner Schlamm.

Darüber stand ein Schild mit den gekritzelten Worten „**Abwasserrohr**“. Nun konnte Pinecone nicht lesen, also ignorierte er das Schild und fragte sich, was für eine Erde es war! Zuerst war er völlig verwirrt. Aber plötzlich wusste Pinecone, was es war! Ein Elefant! Ich meine, offensichtlich war es ein Elefant mit einer schlimmen Erkältung! Pinecone schwamm dann in die entgegengesetzte Richtung und sträubte sich vor Freude. Er hatte einen Elefanten gesehen! Jippie! Er schwamm eine lange Zeit und stolperte wieder über den Fisch mit einem Punkt am Schwanz. Er beschloss, es zu fangen. Selbst für die schwächsten Otter war das Fangen von Fischen eine leichte Tortur. Schließlich waren Otter Meisterräuber! Also, nach einem chaotischen Versuch, es zu fangen, hat er es endlich erwischt (aus Versehen - sag es niemandem!). Er biss nach unten, bevor er es zurückzog. Nach einer Weile fand er endlich seinen Weg zurück nach Hause. Seine besorgte Mutter schimpfte mit ihm, weil er weggelaufen war, bevor sie von der (tut mir leid) Tammy und Sandy erzählte, weil sie alles angefangen hatten. Sie waren alle sehr besorgt, aber jetzt, da Pinecone wieder da war, gleich und gesund, war Mama wütend. Um sich zu schützen, hob Pinecone die großen Fische auf. Mama sagte ihm weiter, bevor sie ihm zum Fang eines so guten Fisches gratulierte! Tammy klatschte und Sandy stahl sich den Fisch.

Der Fisch war köstlich! Bald versteckten sich alle vier darin. Sein weißes Fleisch war köstlich. Der

Elefant, und der seltsame Schlamm war vergessen...

Bis nächste Woche also.

Es begann mit einem nervigen Eisvogel, der ein bisschen zu laut außerhalb der Otterhöhle eine lustige Melodie sang. Die Drillinge waren in dieser Nacht lange wach geblieben und hatten mit den Nachbarskindern von Frau Wildschwein und den Camersons (einer anderen Familie von Ottern aus dem nahe gelegenen Fluss) gespielt. Als sie aufwachten, drang der üble Geruch des Grünschlamms in ihre Nase. Sandy rülpste, Tammy würgte. Kiefernzapfen stürmte nach draußen und achtete vorsichtig auf den kranken Elefanten. Mama runzelte die Nase, bevor sie nach draußen ging. Der Fluss war von schimmerndem blauem Wasser zu ekelhaft grünem Schleim geworden. Quallen und Metall, Pappe und Abfall. Pinecone hörte, wie Mama etwas über "schmutzige Menschen" murmelte, bevor sie sich in den Schlamm schlich, um zu frühstücken. "Ewww, was ist das für eine Erde?" fragte Sandy, tauchte ihre Pfote in den Schlamm und schüttelte den Schleim ab. „Elefantenrotz!“, sagte Kiefernzapfen wissentlich.

„Woher willst du das wissen?“, fragte eine hochmütige Tammy.

"Ich habe es auf der anderen Seite des Flusses gesehen! Es sah krank aus. Nicht wie du, mit einem Gehirn von der Größe einer Molluske, würde es verstehen", war Pinecones Antwort. Tammy wollte gerade antworten, als Mama stotternd zurückkam. Es gab kein Frühstück. "Kein Fisch", keuchte sie. "Nur stinkende, verfaulende, tote Fische!".

"Aber - aber warum?" Fragte eine hungernde Tammy. „Liegt es am Rotz des Elefanten?“, fragte Pinecone.

"Elephant Rotz? Welcher Elefant rotzt?“, fragte Mama. Pinecone erklärte alles, auch wie er auf den Elefanten gestoßen ist. "Das ist kein Elefant!" Lachte Mama auf traurige, enttäuschte Weise. "Das ist eine Abwasserleitung!".

"Was jetzt?", chorierten die drei Welpen. "*Seufz*. Du kennst doch Menschen, oder?«, fragte Mama. Alle drei nickten, denn sie hatten diese zweibeinigen bunten Lebewesen gesehen, die sie von weitem beobachteten. Sie machten meistens Geräusche wie „Oh! Schau!“ und „Ein Otter!“ und „Wie entzückend“.

"Nun", fuhr Mama fort. "Diese Menschen bauen diese riesigen harten Bäume, um darin zu leben, die Tonnen von Abfall erzeugen. Also bauen die Menschen diese Tunnel, um den Abfall woanders zu entsorgen, normalerweise direkt in Flüsse, Ozeane und überall dort, wo Tiere leben! Nicht, dass sie sich darum kümmern, diese bösen Wesen. Stell dir vor, wie sie sich fühlen würden, wenn wir all unsere Reste in ihre Häuser werfen würden! Jedenfalls sind diese Abfälle mit giftigen Dingen gefüllt, die alle Fische und Tiere töten. Ohne sie haben wir keine Nahrung. Zusammenfassend lässt sich sagen, dass wir wegen des Problems eines haarlosen (und hirnlosen) Affen verhungern werden. Ich gehe besser und alarmiere den Rest der Tiere, denn wir müssen ein neues Zuhause finden.“ Mama seufzte wieder.

Sie stand auf und ging auf Mrs. Boars Haus zu. Es war ein ziemlicher Spaziergang, mit ihrem Haus, das eine Meile oder etwas von ihrem entfernt war. Aber als sie vor Entsetzen ankamen, war nichts da. Nur die Leichen von abgeholzten Bäumen und der Gestank von Rauch. Große gelbe Dinge drängten weg, was vom Wald übrig blieb, und zerstörten, wo Mrs. Boar früher lebte, ohne auch nur einen Augenblick zu blinzeln. "Psst" rief eine Stimme. Frau Eber versteckte sich hinter einem Baum.

SMOKE

"KOMM SCHNELL RÜBER!". Die Otter rannten herbei, wo sie ihnen erzählte, dass die Menschen den Wald zerstörten, um einen großen, menschlichen Baum zu bauen. Hergestellt aus etwas namens... Concete? Ähm..Contete? Beton? So etwas in der Art. Wie auch immer, Mama erzählte ihr von ihrem zerstörten Fluss, und Mrs. Boar seufzte. "Bald wird es hier auf diesem Planeten keinen Dschungel mehr geben. Nur Beton-Dschungel, gefüllt mit Abfall und Menschen."

Während alle plauderten, hörte Pinecone einige Menschen in der Nähe. Er schaute hinüber. Es gab einen Haufen Menschen in bunter Kleidung (Mama sagte ihm später, dass sie "Tücher" trugen, weil sie kein schönes Fell haben, um sie warm zu halten - wie seltsam!), die Schilder hielten und etwas sagten. Da war ein Mensch mit einem harten gelben Hut, der sie anschrie.

Tannenzapfen genannt Mama. Alle kamen herüber und spähten hinter dem Baum hervor. "Demonstranten", sagte die kenntnisreiche Mrs. Boar. "Nicht alle Menschen sind schlecht, weißt du? Einige versuchen, uns Tieren zu helfen. Dort siehst du all die Menschen mit orangefarbenen und weißen Mänteln? Mit Hüten? Das sind die Kerle, die versuchen, diesen Ort zu ruinieren. " Plötzlich kam ein großes gelbes Ding und schlug den Baum nieder... und enthüllte die Tiere. Mama entblößte ihre Zähne bei

das Ding (in dem ein Mensch war?!). Als sie Mrs. Boar, Mom, Pinecone, Sandy und Tammy sahen, begannen die sogenannten "Demonstranten" lauter zu sprechen. Ein Mensch mit dem orangeweißen Mantel und Hut (kurz O.W. Humans. Das o bedeutet orange und das w bedeutet weiß.) kam mit einem spitzen, schmutzbedeckten Stock herüber und schoss auf die fünf Tiere und schlug Mrs. Boar. Sie rannten wie der Wind, so schnell sie konnten. Die Demonstranten begannen lauter zu singen.

Bald, nach einem ziemlich langen Lauf, waren sie wieder in unserer Höhle. Die fünf setzten sich und fragten sich, was sie tun sollten. Mama und Frau Wildschwein wussten, dass der Wald bald nicht mehr sein würde, und beschlossen, dass sie gehen und ein neues Zuhause finden mussten. Offensichtlich protestierten die Drillinge. Wie Tammy schmollte und Sandy argumentierte, hatte Pinecone eine Idee. "Was ist, wenn wir die Abwasserleitung blockieren?", fragte er. "Das würde unser Problem lösen, denn der Fluss würde aufgeräumt werden. Vergessen wir vorerst den

O.W.-Menschen und den Fokus unseres Zuhauses hier. “

Mama sah nachdenklich aus. "Wenn der Fluss gereinigt ist, können wir uns einfach bergab bewegen, weiter weg von den O.W.-Menschen und ihrem Betonbaum. Aber trotzdem, wie würden wir..."

Pinecone unterbrach Mama und sagte: „Wir könnten alle Waldtiere rufen und zusammen könnten wir es blockieren!“. Es gab Nicken von überall. Und so fingen wir an. Während Sandy, Tammy und Mrs. Boar um Hilfe riefen, führte Pinecone Mama zu dem sogenannten "kranken Elefanten".

Bald hatte sich eine neue Streitmacht versammelt. Der nervige Eisvogel namens Jack, die Camersons, Leo Lizardo die Eidechse, Mr. Boar, Hati der Elefant und Chink das Eichhörnchen versammelten sich. Nach einer kurzen Besprechung des Plans flog der Eisvogel (und seine Vogelfreunde) mit kleinen Steinen auf das Abwasserrohr zu. Mama schnappte sich auch welche, bevor sie zurück zur Pfeife schwamm. Pinecone und seine Geschwister trugen etwas Schlamm (Gott weiß wie - der Schlamm fiel immer wieder in den Fluss), Hati trug ein Bündel Zweige und Mrs. Eber schwamm neben ihnen mit einigen

Kieselsteinen. Nach einem langen Schwimmen erreichten sie alle die Pfeife.

Hati, mit seiner riesigen Nase, kräuselte sich. "Du dachtest, dieses ekelhafte Ding wäre ich?!", fragte er und drehte sich zu Pinecone um. Pinecone zuckte zusammen, bevor er sagte: "Vielleicht...".

Zuerst schob Hati die Zweige in die Pfeife, bevor die Vögel die Steine hineinwarfen. Chink das Eichhörnchen nahm den Schlamm, den die Otterwelpen gesammelt hatten, und benutzte ihn (und etwas Wasser), um die Kieselsteine an Ort und Stelle zu kleben. Leo klopfte flach, bevor sich der ganze Vorgang wiederholte.

Ganz am Ende blockierte Hati, was mit einem massiven Felsbrocken übrig blieb, und stoppte den Fluss vollständig. Chink fügte hier und da etwas mehr Schlamm hinzu, und Frau und Herr Wildschwein (die bisher bei einer Staubfirma arbeiteten) verstärkten ihn mit einigen Zweigen, die sie von der Baustelle gestohlen hatten. Alle jubelten, als das Rohr zum Stehen kam. YIPPEEEEE!

Weit weg, am anderen Ufer, sahen die glücklichen Tiere die Demonstranten Menschen mit weitem Mund zuschauen. Einer hielt eine Kamera. Andere sammelten Quallen und Müll vom Fluss auf. Sobald Hati (und der Rest der Lebewesen) anfing, auf sie zuzugehen, zerstreuten sich die Menschen und rannten davon.

In der nächsten Woche war der Fluss sauber. Frau Eber hatte ihnen erzählt, dass die Demonstranten die O.W.-Zerstörung verboten hatten und neue Bäume pflanzten! Der Fluss war sauber, Fische im Überfluss. Tannenzapfen lächelte. Nicht alle Menschen waren schlecht. Und vielleicht, wenn sie aufhören würden, zu verschmutzen, zu zerstören, zu beschädigen, hätte die Natur vielleicht eine Chance.

HINWEIS - Dies ist eine Geschichte von mir, Kiefernzapfen! Ja, ich bin Autorin. Wer hat gesagt, dass Otter keine Autoren sein können?

Unterzeichnet,

Tannenzapfen

Der Angriff von A.I.

PIEP! PIEP!. Tief in den dunkelsten Tiefen des tiefsten Dschungels ertönte ein mechanischer Summer. Es war der Hauptsitz von... N.A.S.A! Nein, nicht dieses Weltraumprogramm. N.A.S.A stand für - National Animal Scientific Agency. Es wurde von Tieren aus der ganzen Welt betrieben und von Sir Slimeman Serpulus, dem superschlauen Salamander, gegründet. Wenn du dorthin gehst, würde nichts ungewöhnlich erscheinen. Es wäre nur ein dichter Dschungel.

Aber tief unter den Füßen lag ein geheimes Labor, in dem Elefanten und Antilopen an chemischen Reaktionen arbeiteten und Käfer mit Röhren herumhuschten, die bis zum Rand mit sprudelnder Säure gefüllt waren. Bienen arbeiteten an harten, sechseckigen Hallen, um mehr Ausrüstung zu beherbergen. Haie und Delfine arbeiteten Seite an Seite in riesigen, mit Wasser gefüllten Räumen und testeten die Akustik unter dem Meer, während Stachelschweine und Schuppentiere neue Materialien testeten. Es wurde mit der neuesten Technologie gefüllt und mit einem eleganten weißen Rahmen versehen. Das Labor erstreckte sich kilometerweit. Vorher hatten sich die Tiere heimlich vereint, denn vereint waren sie stärker. Sie arbeiteten an Rüstungen, Säuren und Artefakten. Doch bald standen sie vor einem neuen Problem: dem MENSCHEN. Die Menschen zerstörten alles, von den Ozeanen bis zu den Desserts, vom Dschungel bis zum Himmel. Die Erde ertrank vor Verschmutzung.

So entstand ein neuer Sektor der NASA. Es Anti-Mensch-Sektor. Überall gab es Spione dieser Agentur, die Menschen beobachteten und lernten, um auf einen plötzlichen Angriff (von Menschen oder gegen Menschen) vorbereitet zu sein. Kakerlaken, die durch Spalten verstreut sind. Du dachtest, sie wären nur da, um dich zu ärgern? Nein, das waren sie nicht. Eidechsen spähten von den Decken, klebten Festplatten und stahlen Informationen. Niemand würde etwas vermuten. Ganz zu schweigen von den streunenden Katzen und Hunden. Haben Sie sich jemals gefragt, warum es nachts so viel Jammern und Zischen von der Straße gab? Sie kommunizierten streng geheime Informationen. Und während sie unsere Sprache lernten, haben wir uns leider nicht einmal die Mühe gemacht, ihre zu lernen. Daher war es unmöglich, ihre Geheimnisse zu entschlüsseln.

Jedenfalls hat in dieser Nacht ein kleiner Hund den geheimen Ort aufgemotzt. Es war komplett schwarz, bis auf graue Flecken hier und da. Sie schaute zu einem Baum auf und begann zu bellen. "Wuff, Rinde, Rinde, Rinde, Rinde... Rinde. Bellen, bellen, bellen!“. Es klang wie Unsinn für jeden, der vorbeikam. Aber hören Sie genau zu, und Sie würden erkennen, dass es sich um eine dogische Version von „- .... . / .... -.-.-. . - / -.-. --- -.. .-.-.-“ handelte. Oder, um genauer zu sein, " DER GEHEIMCODE".

Es ist nichts passiert. Nach einer langen Reihe von Bellen schien ein Licht auf den kleinen Hund. Ein Pavian schwang von der Spitze des Baumes auf den Boden. "Ah, Agent Schwarze Johannisbeere!" sagte der Pavian. Mit einem Nicken drückte der Pavian einen Knopf, und der gesamte Waldboden begann zu zittern. Die beiden Tiere schienen davon unberührt zu sein, als ein kleines Loch im Boden erschien. Agent schwarze Johannisbeere (der Hund) sprang in das Loch und in eine lange Röhre. Er schoss wie eine Rakete durch sie hindurch, bevor er am anderen Ende heraussprang und in einen kristallweißen Raum eindrang. Monitore und Bildschirme waren überall, zusammen mit Monitorechsen, um sie zu überwachen. Ein riesiger Panther mit Gläsern spähte auf die schwarze Johannisbeere herab. "Hallo, Agent Blackcurrant. Was ist los?".

„Die Menschen haben etwas ganz Neues geschaffen", keuchte der Hund. "KI oder künstliche Intelligenz". Ein Nicken vom Panther. "Ja, ich habe davon gehört. Was ist jedoch neu?".

"Die A.I wird uns sehr nützlich sein! Die Menschen werden nicht nur immer mehr darauf angewiesen, sondern verbreiten es auch immer schneller! Wenn wir alle KI entführen können, können wir die Oberhand gewinnen!".

Panther nickte und wollte gerade etwas sagen, als eine gesprenkelte Steinmonitoreidechse unterbrach.

"Aber Leute, wir brauchen zuerst eine Probe zum Testen!"

Schwarze Johannisbeere grinste und sagte: „Aber wir haben eine Probe! Agent Tabb kommt gerade mit einer Festplatte und einem Chip. Sie wird bald hier sein. Sie nahm die längere Flucht, um an verdächtigen Menschen vorbeizukommen. "

Kaum hatte er das gesagt, schoss eine kleine Tabby-Katze in den Raum. Sie hatte eine Tüte Kartoffelchips im Mund. "Meine neueste Platte! Es ist gelungen, die lange Strecke in weniger als 5 Minuten zurückzulegen!"

Sie ließ die Tüte Chips fallen und verschüttete drei Festplatten und einen Computerchip sowie ein paar lecker aussehende Chips. Der Panther lächelte und gratulierte Tabb. Schwarze Johannisbeere schnappte sich ein paar knusprige frische Pommes. Tabbs sah ihn vorwurfsvoll an. "Hey, du hast mir überhaupt nicht geholfen, diese Festplatten zu bekommen! Warum solltest du alle Chips bekommen?" Sie schnappte sich den Rest.

"Ich habe dir geholfen, an den Wachen vorbeizukommen", erinnerte Blackcurrant.

Der Panther seufzte, bevor er einen Knopf drückte. In einer Sekunde stand das Computerteam vor der Tür . Ein Elefant und eine Kobra, zusammen mit einem Oktopus in einem Tauchanzug (der mit Wasser gefüllt war). Der Oktopus untersuchte den Computerchip, bevor er sich die Festplatten schnappte und aufgeregt davonrollte. Tabbs, Schwarze Johannisbeere und die Kobra folgten neugierig. Immer wenn Octo aufgeregt war, bedeutete das, dass etwas Wichtiges passierte. Die anderen Tiere plauderten mit dem Hauptpanther.

Die Flure waren aus Glas, mit riesigen Wassertanks darunter. Kleine Löcher säumten die Seiten, damit die Wasserbewohner zwischen Boden und Wasser hüpfen konnten. Sherbert-Hai war darunter und spielte mit seinem "Titlit" -Torpedo des Untergangs. Es war ein verherrlichter Anker, angetrieben von Kernenergie, der alle U-Boote, die er berührte, vernichtete.

»Blubl-bl-blub!« , sagte Octo. Er stotterte, bevor der Lautsprecher piepste. "Ich sagte", fuhr Octo in seinem Übersetzer "ThAt I-I-I" fort. Der Sprecher stotterte, bevor er fortfuhr: „ -Ich habe den perfekten Virus dafür! Die A.I.1 oder Animal Intelligence 1!". Er drückte sich in sein wässriges felsiges Zimmer, bevor er in seinen Stuhl vor seinem Computer rutschte. Er drückte ein paar Knöpfe, schaltete Festplatten, entfernte eine große verdorbene Platte und packte etwas, das wie ein Hefter aussah, aber elektronisch war. Er klickte auf den Computerchip, bevor er Schnellfeuer-Codes und -Programme tippte, Knöpfe drückte und Diagramme schaltete. Hinter ihm erschien ein holografisches Diagramm des Computerchips, bevor Octo eine glänzende graue Verkabelung und Schaltung anhob. Der Hefter zog einen neuen Stromkreis, bevor das Hologramm abblitzte, und Octo blubberte wieder.

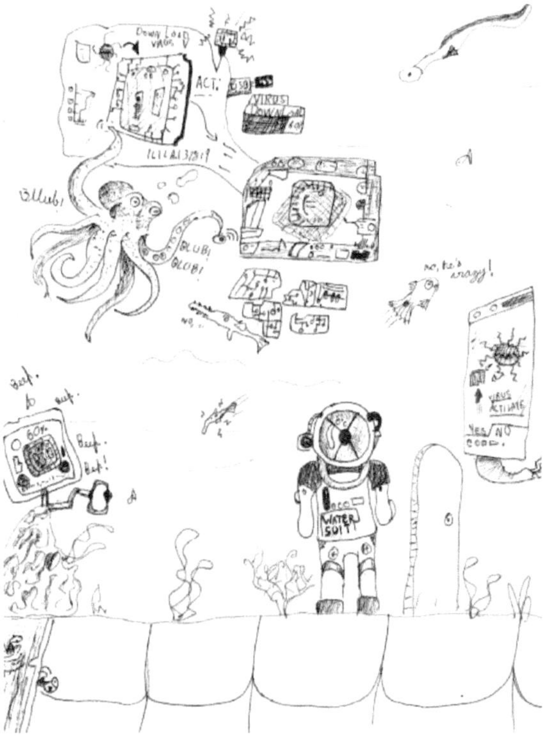

Der Bildschirm war mit seltsamen Codezeilen gefüllt. Octo drückte auf ein Mikrofon, bevor seine blubbernde Stimme durch das Labor schoss. „NEUES MEETING: A.I. Kommen Sie ins Auditorium 189 BLi".

Er sprudelte, bevor er einen großen grünen Knopf drückte...

Bengaluru, Indien

8. 3. 2125

Rahim Kumar starrte wütend auf seinen Bildschirm. Sein IT-Powerpoint steckte fest. Er und seine Mitarbeiter arbeiteten für eine Softwareentwicklungsfirma. Im Moment sollte er ein PowerPoint erstellen, das die neue A.I zusammenfasst, die sie entwickelt hatten, um sie auf einem internationalen Treffen zu zeigen. Sein Computer war jedoch eingefroren. Er war genervt. Er hämmerte auf seine Tastatur, aber ohne Erfolg. Wenn er nur das kleine Symbol in der Ecke bemerkt hätte - das Symbol eines Virus. Nach ein paar weiteren Sekunden normalisierte sich der Laptop wieder. Nichts war außer Betrieb, und niemand ahnte etwas. Kumar tippte und bearbeitete seinen Powerpoint. Die anderen Mitarbeiter arbeiteten an der Software und anderen Dingen. Einer nach dem anderen blieb jeder Laptop für eine kürzere Zeit hängen. Dann hörte es auf und der Tag verlief wie gewohnt...

Zurück an der NASA-Basis kündigte Octo sein neues Virus an. Das Auditorium war gefüllt mit Tanks und Sitzen, gefüllt mit allerlei Tieren. Einige schlürften Lillypad-Tee, andere knabberten Snacks.

"Blaue Glühbirne!" Er fing an. „Ich habe ein neues Computerprogramm namens A.I 1 xtr erstellt. Mit Hilfe von Cazaro (er zeigt auf einen Elefantennasenfisch) und Lapepe (er zeigte auf einen Seehund) und auch mit Hilfe von Agent Blaubcurrent und Tabb." Das Wasser in seinem Helm sprudelte und verwandelte die schwarze Johannisbeere in Blaubstrom. Nachdem die Blasen abgeklungen waren, fuhr Octo fort: „Das Virus zielt auf menschliche KI oder künstliche Intelligenz ab. Menschen verlassen sich bei den meisten ihrer Dinge darauf, und es ist wie ein Begleiter, der ihnen bei allem hilft - von Rechtschreibfehlern bis hin zur Erzeugung von Bildern. Meine KI 1 zielt also auf die KI. Es kann die A.I komplett überholen, aber das wäre zu auffällig. Es kann aber auch wichtige Informationen stehlen, wofür der XTR steht. Es wird uns ermöglichen, geheime Informationen von den Menschen zu erhalten!".

Die Tiere klatschten und applaudierten. Ein Hologramm des Computerchips erschien vor ihnen allen, mit Diagrammen und Pfeilen. Dann verbeugte sich Octo und ging zurück in sein Labor, um an seinem Virus zu basteln.

Und so viele Stunden vergehen.

Als die Crew gerade eine Teepause machen wollte, gingen alle Tiere des Computersektors aus. „ Der Virus funktioniert! Wir haben so viele Daten gesammelt!“. Head Panther steht von seinem Platz auf und folgt dem aufgeregten Team in den Computerraum. Octo scrollte durch riesige Datenströme. "Hallo Octo, wie geht es dem Datensammler?".

Ein kleines Kaninchen mit Brille, ein Feuerzeug und ein mit Batterien gefüllter Tank hüpften über. „Die Daten sind grausam. Wir haben ein paar leckere Meisenstücke bekommen, wie einen Plan aller Atomwaffenanlagen auf der Erde und die Pläne der Menschen, mehr Wälder des Amazonas zu zerstören. Aber...".

„Aber?“, fragte Panther. Sie nahm ein kleines Tablet-Ding aus der Tasche, öffnete eine Datei und enthüllte eine Menge Daten.

Das Kaninchen fuhr fort: „ Wir haben die Aufzeichnungen einer menschlichen Kosmetikfirma gefunden. Wir fanden Tausende von Akten bei Tests von Shampoo an Ratten und Meerschweinchen. Einige wurden dauerhaft verletzt, wobei das Shampoo ihr Fell verbrannte. Einige wurden vergiftet, andere starben. Tatsächlich ist viel gestorben. Es war... so grausam. Sie wurden unter den schlechtesten

Lebensbedingungen aller Zeiten gehalten. Einige werden sterben, ohne jemals Sonnenlicht gesehen zu haben. "

Ein paar Bilder von toten Ratten und kahlen Meerschweinchen tauchten auf dem Tablet auf, und Panther keuchte. "Böses, reines Böses".

Eine Schildkröte humpelte herüber und erzählte Panther von vielen anderen grausamen Dingen, die Menschen getan hatten. Sie hatten Hunde, Affen und andere Tiere in Raumschiffen in den Weltraum geschickt, die alle starben. Warum? Nur weil sie sich nicht um das Leben der Tiere kümmerten, sondern um ihr eigenes. Ganz zu schweigen davon, wie sie ursächlich unzählige Tests an unschuldigen Tieren durchführten, von denen die meisten brutal ermordet oder traumatisiert wurden. Panther machte sich Notizen.

Um die Stimmung aufzuhellen, sagte Octo:

„Wir haben entdeckt, dass es viele A.I-Versionen gibt, die von Menschen verwendet werden. Das Virus hat sich an jede KI angepasst. Die Menschen sind völlig abhängig von ihnen! Wir haben jedoch auch gelernt, dass sich unser Virus nicht schnell genug anpassen kann, um sie alle zu infizieren. Egal wie viele Viren wir verbreiten, wir können sie nicht alle zerstören. Schälen Sie den Ameisenbär, der sich in das Hauptsystem gehackt hat, das alle A.I betreibt, und das Team arbeitet an einer eigenen A.I! Wir haben von den Menschen gelernt -".

"Was!? Wir machen unsere eigene KI? Wird es nicht das gleiche Problem verursachen, da wir immer mehr darauf angewiesen sind?“

"Nein", sagte Octo, " Wir haben den Code von 19 verschiedenen menschlichen KIs angepasst und den gleichen Fehler gefunden, nämlich dass sie für allgemeine Zwecke erstellt wurden und wer auch immer ihnen zugehört hat, hat die Antworten der KI nie doppelt überprüft. Aber unsere zwingt uns, die Antworten zu überprüfen. Wie auch immer, wir haben auch ein paar Schwachstellen in den Codes der menschlichen KI gefunden, und wir können diese verwenden, um sie mit diesem einfachen Code vollständig zu deaktivieren. “

Octo wischte über den Bildschirm und enthüllte einen kurzen dreistelligen Code, der in einer Reihe von Schrägstrichen und Strichen enthalten war. "Plus", sagte er, " Die Leistung dieser A.I beträgt bisher 1800.396556.- G.N (Eine ähnliche Messung wie GB, Giga-Bytes. G.N bedeutet Giraffe Nibles)“.

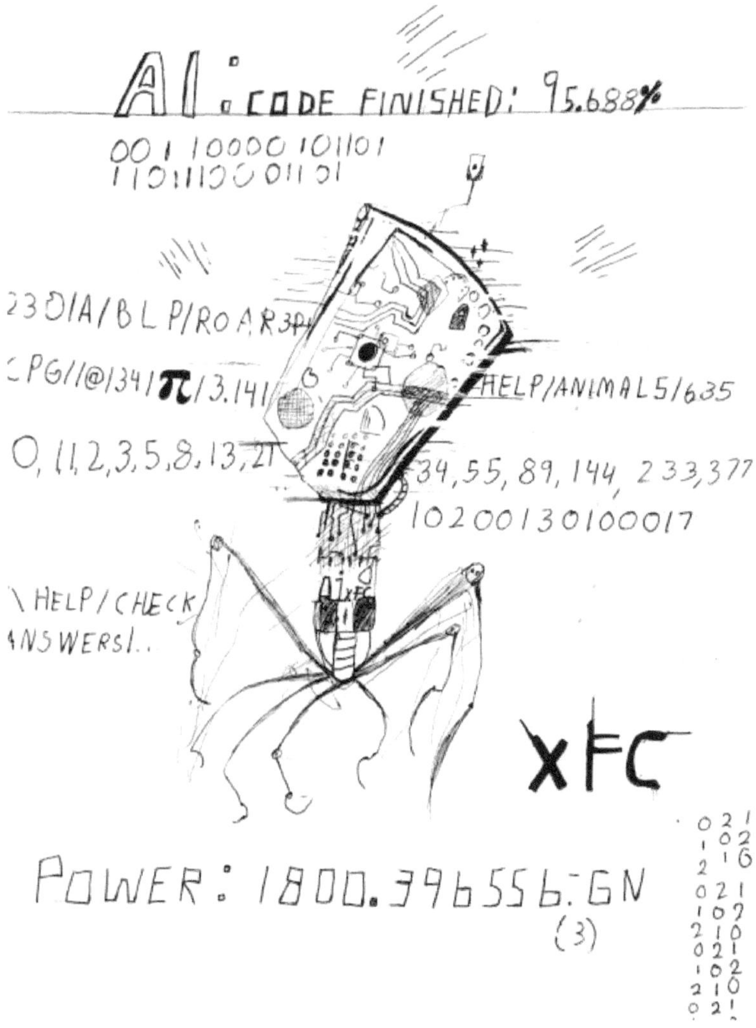
AI: CODE FINISHED: 95.688%
HELP/ANIMAL5/635
34, 55, 89, 144, 233, 377
10200130100017
\HELP/CHECK ANSWERS!..
XFC
POWER: 1800.396556:GN
(3)

In diesem Moment kam ein Ding von einem Computer, bevor eine Roboterstimme sagte : A. Ich HABE ERSCHAFFEN. ENTWURF 8 ABGESCHLOSSEN. Der A.I sah aus wie ein Computerchip mit Spinnenbeinen. Der Chip stört, was dazu führt, dass er schwankt und sich verschiebt.

Panther grinste, bevor er auf das Tablet kritzelte. "Ich habe einen Plan..."

Bengaluru, Indien

20.27 Uhr

In der Stadt starrten die Menschen überall auf ihren Laptop. Es steckte fest, der Bildschirm war eingefroren. Verärgerte Schreie kamen aus allen Gebäuden. In einer Minute wurde alles wieder normal und das Leben ging weiter. Aber als die Leute nach ihrer KI suchten, passierte etwas.

Als ein Student ChatPA3 öffnete, um einen Absatz über die Geschichte zu generieren, erstarrte sein Bildschirm - dann, wenn er grün war. Reines Dschungelgrün. Wenn Sie genau genug hinschauten, würden Sie den schwachen Namen "Animal Intelligence XFC" sehen. Einer nach dem anderen wurden alle Bildschirme grün.

Panik brach aus den Massen aus. "AAAAAH! WAS STIMMT NICHT MIT DEM COMPUTER!?"

Die Regierungen gerieten in Panik, als ihre teuren Bildschirme leer wurden. Softwareunternehmen versuchten, ein Antivirenprogramm einzuschalten. Aber alle Antiviren wurden ausgelöscht. Dann wurden weltweit alle Computer dunkel.

Zuerst ging das Leben weiter. Aber bald begannen Probleme. Einige Leute versuchten, Dinge auf Amazon zu kaufen, konnten es aber nicht. Also gingen sie zu Geschäften, hatten aber Schwierigkeiten, ohne QR-Code-Scanner zu bezahlen. Alle Unternehmen waren verängstigt. Ihre Software und Aufzeichnungen waren weg!

Dann kam Welle zwei.

Auf einmal trocknete das ganze Wasser aus. Die Sonne war von Wolken bedeckt. Die Bäume hörten mit einem Schütteln auf, Sauerstoff zu produzieren. Einige Leute fingen an zu würgen. Ohne Wasser oder Sonnenlicht waren die Menschen dehydriert und gefroren. Das Klopfen von Menschen, die aufgrund des Sauerstoffmangels bewusstlos wurden, war überall zu hören. Plötzlich schwebte eine große Leinwand vom bewölkten, dunklen Himmel herunter. Es schnurrte und klickte. Der Bildschirm flackerte auf und enthüllte König Biber, den Präsidenten aller Tiere.

Der Biber starrte die Menschen an, bevor er sagte: „Wir Tiere haben endlich genug von euch Menschen. Du hast uns und Mutter Natur gequält, gequält und an unzähligen Tieren getestet. Wir haben dir nichts getan, aber du tust alles in deiner Macht Stehende, um uns zu verletzen. Wir wollten euch zuerst ausrotten. Aber jeder macht Fehler, und wir haben beschlossen, euch nicht alle zu töten. Jetzt hör genau zu - Wir Tiere werden dich aus unserem Griff befreien, wenn du versprichst, niemals einem anderen Tier zu schaden. Keine Umweltverschmutzung, kein Bergbau, keine Zerstörung und kein Töten mehr. Im Gegenzug werden wir dir helfen, deine bösen Wege zu ändern. Wir wissen, wie schwer es sein wird, dein Verhalten zu ändern, aber wir können dir dabei helfen."

Die Menge versammelte sich unter dem Bildschirm und chorierte: „JA! Wir werden keinem von euch schaden! Wir haben Tiere grausam behandelt, aber wir werden uns bessern. Bitte rette uns einfach!".

Ein Mann hob eine Waffe auf den Bildschirm, aber der Biber sagte: „Auch wenn du es wagst, etwas gegen uns zu tun oder uns zu verletzen, können wir dich leicht mit einem Knopfdruck zerstören. Also lass uns unsere Entscheidung, dir zu vergeben, nicht bereuen!"

Der Pistolenmann fand sich von Kaninchen mit entzückend winzigen rosa Pistolen umgeben. "Aww", sagte der Mann, als ein Kaninchen die winzige rosa Pistole auf ein nahegelegenes Gebäude richtete und... einen Laser direkt hindurch schoss. Das Gebäude zerfiel. Der Mann ließ die Waffe fallen, bevor jeder, der noch genug Luft in der Lunge hatte, „JA" schrie! HILFE!".

Mit einem "Fwoosh" kam der Sauerstoff zurück. Das Volk seufzte erleichtert. „ERINNERE DICH AN DIESES VERSPRECHEN und lebe mit der Natur, nicht gegen sie", ertönten die Worte des Bibers, bevor der Bildschirm in den Himmel fiel.

„Erinnere dich an dein Versprechen! Es ist deine Pflicht!"

Meine kleinen Bäume

Alles begann in einem Frühling, als zwei winzige grüne Stängel aus dem Boden sprangen. Es war ein kalter Morgen, und die Sonne schien schwach am Horizont. Die kleinen Triebe waren die Setzlinge einer Kokosnuss und eines Badam-Baumes. Wie sind sie hier gelandet? Niemand weiß es. Die zarten Triebe steckten in einem kleinen Schmutzfleck, umgeben von einer Betonwand. Um sie herum war ein Graswald. Das Gras hatte

seine Wurzeln in der ganzen Gegend ausgebreitet. Der winzige Garten war ihr Reich! Sie regierten den Ort mit einer grünen Faust. Sie hielten das Wachstum anderer Pflanzen in Grenzen, indem sie alle ihre Nährstoffe stahlen, um ihr Wachstum zu verhindern.

Aber nicht mehr lange...

In den nächsten Tagen begann der Badam seine Wurzeln tief in den mit Tau beladenen Boden zu breiten. Auch die Kokosnuss breitet ihre Wurzeln aus. Das Besondere an den Kokospalmen ist die Tatsache, dass sie nur gerade nach unten Wurzeln wachsen, so dass ein runder Klumpen von Wurzeln direkt unter dem Baum wächst. Andere Bäume breiten normalerweise ihre Wurzeln über das Gebiet aus, aber Kokosnüsse sind eine Ausnahme. Die beiden Schösslinge waren noch ziemlich klein, etwa so groß wie dein Daumenfinger, aber ihre Wurzeln waren fast so groß wie deine Handfläche! Sie würden schnell wachsen, wenn es nicht den harten Wettbewerb des Grases um Ressourcen gegeben hätte.

Zuerst bemerkte ich die winzigen Schösslinge nicht. Sie waren klein und umgeben von kleinen Moosen, Gräsern und gelbem Sauerampfer (eine kleine Art kleeartige Pflanze mit gelben Blüten). Die Setzlinge mischten sich direkt ein! Aber als ich nach draußen ging, um frische Luft zu schnappen, bemerkte ich einen kleinen grünen Stock, der aus den Kleeblättern ragte. Zuerst ignorierte ich sie und beobachtete Schmetterlinge (die sich auf meinem riesigen Rosenstrauch abkühlten). Aber bald wurde mein Blick von einer unsichtbaren, magischen Kraft auf diesen kleinen grünen Stock gelenkt.

Ich schaute und sah... einen Schössling! Ich ging näher und sah einen kleineren, kleineren Schössling darunter. Ich rief meine Amma an und versuchte dann, einen genaueren Blick darauf zu werfen. Amma sagte mir, ich solle das meiste Unkraut entfernen und die kleinen Bäume wachsen lassen. Ich jätete und bewässerte (leicht) die beiden Pflanzen. Es mag meine Fantasie gewesen sein, aber die beiden Pflanzen schienen vor Glück zu zittern.

Jetzt, da das meiste Gras verschwunden war, hatten die Bäume mehr Platz zum Wachsen. Außerdem hatten mehr Pflanzenarten Platz, um in dem leeren Raum zu wachsen (was sie auch taten!). Dies förderte mehr Biodiversität, was ein ausgefallener Begriff ist, der die Vielfalt der Lebewesen bedeutet, die in einem bestimmten Gebiet leben. Mehr Insekten begannen, den Garten zu besuchen, und das winzige Schmutzfeld wurde zu einem blühenden Ökosystem. Vögel begannen zu kommen, einige, um die neuen Insekten zu fressen (es war ein buchstäbliches Insektenbuffet!) und andere Vögel kamen für die neuen Pflanzen.

Die Tyrannei des Grases war vorbei, und an ihrer Stelle hatte sich eine neue, vielfältige Stadt gebildet! Wolkenkratzer, die von Schmetterlingen und Fliegen bewohnt wurden, ragten über kleine Mooskleehäuser. Holzläuse und Würmer räumten den ganzen Müll auf. Es war eine blühende Metropole, die ausschließlich aus Pflanzen und Käfern (und einigen kleinen Tieren) bestand!

Ein paar Monate später hatten sich die beiden Setzlinge um mindestens einen Finger vergrößert. Die Blätter begannen zu wachsen. Das erste, was mir auffiel, war eine plötzliche Zunahme kleiner, haariger Raupen. Sie waren schwarz und gelb und mit Haaren bedeckt. Und wenn Sie eine berühren, juckt Ihre Haut und fühlt sich elend an. Als ich nach den Schösslingen suchte, war sie mit Raupen bedeckt! Ich musste sie abhacken, einen nach dem anderen. Das waren nicht die einzigen unwillkommenen Gäste. Unkraut, Kühe (die ab und zu zufällig kommen, um an Pflanzen zu knabbern) und andere Dinge kämpften ständig gegen die Schösslinge und versuchten, sie zu beseitigen. Der Überlebenskrieg war hart und heftig. Doch die Schösslinge wuchsen. Sie wurden von den Vögeln verbündet. Sie hielten die Insektenpopulation in Schach und aßen alles, was in ihren Augen war. Der größte Vogel war der Krähenfasan (oder größere Kükale). Diese Vögel dezimierten die haarige Raupenpopulation. Mit dieser zusätzlichen Hilfe kämpften die Setzlinge und überlebten!

In etwa einem Jahr hatten die beiden Setzlinge holzige Stängel und waren etwa so groß wie ich. Ich identifizierte die Bäume als Badam (der größere, größere) und Coconut (der kleinere, unkrautigere). Die Bäume waren bei vielen Menschen hier beliebt. Überall erschienen kleine bunte Käfer, Gottesanbeterinnen, Schmetterlinge und Vögel. Ich fand zwei grüne, schillernde Käfer unter den Schösslingen und später einen weißen Käfer mit einem schwarzen "y" auf der Schale. Es sah aus wie ein Auto, wenn du mich fragst. Ich fand auch eine riesige Gottesanbeterin, etwa so groß wie meine beiden Handflächen zusammen! Ich fand es an der Betonmauer, die den Garten umgab, und als ich kam, um es besser zu sehen, schauten mich die Gottesanbeterinnen an, als wäre ich ein unappetitlicher Wurm. Dann versank es wie eine Krabbe. Ein kleines Ökosystem bildete sich. Jede Kreatur verließ sich auf einander, um zu überleben. Und sie verließen sich auf die kleinen Bäume und Pflanzen. Die Werksstadt war voller Neuankömmlinge! Und jetzt gab es zwei riesige Mega-Wolkenkratzer mit holzigen Stielen :

Te Badam Hotel und **The Coconut Grandiose** !

Drei Jahre später war der Badam groß geworden, ungefähr so groß wie das Haus! Die Kokosnuss (die ich Coki nannte) war kleiner und hatte die Hälfte der Badams-Größe erreicht . Im "Te Badam Hotel" waren die Unterkünfte ein Loft, ein komfortables und warmes Zimmer und kostenlose Speisen. Die Speisekarte war jedoch ziemlich spärlich. Tagsüber saßen Vögel und sangen auf dem Badam-Baum. Nachts kommen Fledermäuse und ernähren sich von den Badams. Einige Fledermäuse lassen Badam überall zur Hälfte fallen, während andere keine Beweise dafür hinterlassen haben, dass sie hier waren.

In der Zwischenzeit gab es im 'Coconut Grandiose' ein schönes, gemütliches Zimmer, das für viele Menschen geeignet war. Die Speisekarte war nicht besser als im Hotel Badam. Ameisen und andere Käfer machten den Kokospalmenbaum zu ihrem Zuhause. Vögel und Eichhörnchen machten die oberen Stockwerke zu ihrem Zuhause. Wenn ich morgens aufwache, werde ich immer mit frischen Vogelrufen von beiden Bewohnern des Hotels begrüßt! Ich sage Ihnen, wofür diese Hotels **nicht** bekannt sind – Stille! Käfer und Käfer, Vögel und Fledermäuse - alle sangen den ganzen Tag über ihren Chor!

Die beiden Hotels schnitten gleich gut ab. In der Nähe zog ein kleiner Neembaum (**"TE NEEM MEGA HOTEL"**, ein moderneres Hotel) hellgrüne Sittiche mit auffälligen roten Schnäbeln an . Dieses Hotel war ein neueres Hotel mit einem viel besseren Essensservice (Nektar aus Blumen und Neemfrüchte mit einer Vielzahl von Aromen, je nachdem, wie reif sie waren). Es war jedoch kleiner und hatte weniger Unterkunft. Es war also ein Restaurant mit nur temporären Besuchern. Koels kam in riesigen Herden zu wichtigen Koels-Meetings. Mit ihren schwarzen Anzügen und "koooel, koooel" Geräuschen waren sie Geschäftsvögel, die den Baum als Restaurant nutzten, während sie ihre Meetings abhielten.

Der Wettbewerb zwischen den drei "Baum" - Hotels war gering, aber immer noch ein ernsthafter Wettbewerb. Die Hauptstadt hatte auch einige Neuzugänge! Mäuse huschten durch das Dickicht, wie kleine Bulldozer (Mäusedozer!). Drachen flogen majestätisch in den Himmel. Drachen waren im Wesentlichen ein Privatflugzeug, das sich kein Bürger leisten konnte. Sie sind Aasfresser, werden aber nicht darauf verzichten, hin und wieder winzige Säugetiere zu jagen. Der winzige Wald reichte aus, um ein ganzes Ökosystem zu schaffen. Wenn es regnete, kamen riesige Frösche. Sie hüpften herum und machten sich auf den Weg!CROCK CROCK !cruuuk .cruuk.CROK ! Sie waren vorübergehende Bewohner, denn als der Regen aufhörte, gingen sie sofort. Wann immer jedoch die fliegenden Ameisen und andere Käfer aus ihren Nestern kriechen, verwandelt sich die ruhige Szene nachts in ein großes Käferbuffet - Frösche fressen die erlesensten Bissen auf dem Boden, während die Fledermäuse auf das fliegende Essen schlagen!

Schließlich war das Badam ungefähr so groß wie unser Haus. Seine Blätter leuchteten rot wie winzige wütende Augen. Coki hatte viele neue Blätter gezüchtet!

Und dann kommt die Katastrophe. Unsere Nachbarn entschieden, dass es riskant sei, den Baum höher wachsen zu lassen, da er durch den Wind umkippen und fallen könnte. Die Wurzeln wuchsen tief, aber nicht tief genug, um sie fest zu halten. Also beschlossen sie, es zu hacken. Der ganze Baum. Ich flehte und flehte, aber sie kümmerten sich nicht darum. Sie hätten nur die Hälfte davon schneiden können, denn es würde das Problem lösen und dem Baum erlauben, wieder zu wachsen. Außerdem würde es weniger kosten. Doch trotz all meiner Bemühungen fällten sie den Baum. Bald war der Baum nichts weiter als ein kleiner Stumpf. Die Stadt wurde zerstört, die Bewohner flohen in Angst. Die Fledermäuse kamen nicht mehr, da es keine leckeren Badams zum Essen gab. Käfer zogen sich zurück und hinterließen viele Insekten, die Vögel ohne Nahrung fraßen, so dass die Vögel aufhörten zu kommen. Der Ort war unfruchtbar, der winzige Hafen zerstört. Es dauerte Jahre, bis der Baum wuchs, aber nur einen Tag, um ihn zu fällen. Es brach mir das Herz, den Baum zu sehen, mit dem ich aufgewachsen bin, zusammen mit all den Tieren, die vernichtet werden sollten. Die Luft, die einst mit Vögeln und Tieren gefüllt war, war jetzt von einer unheimlichen Stille erfüllt. So viele Tiere hatten sich auf diesen Baum verlassen, und jetzt waren sie weg. Die Zerstörung, die nur die Abwesenheit eines Baumes verursachte, war schockierend. Durch das Entfernen nur eines Baumes wurde das gesamte Ökosystem zerstört.

Jetzt wache ich an einem leeren Morgen auf. Die Vögel, die einst die Luft mit Musik erfüllten, waren gegangen. Wenn ich nach draußen gehe, werde ich nicht mehr von Tausenden von Insekten begrüßt, die herumhuschen. Denken Sie immer daran, Freunde, was unbedeutend erscheint, sei es ein einzelner Baum oder ein winziger Käfer, ist wichtig für unsere Erde. Und genau wie mein Hinterhof-Ökosystem stirbt Mutter Natur. Die Menschen haben bis zur Hälfte der weltweit benötigten Bäume gefällt, jeden Winkel der Erde verschmutzt und viele wichtige Tiere getötet. Tiere haben genauso ein Recht zu leben wie wir! Doch ihre Häuser werden zerstört, ohne einen Gedanken an die, die dort leben. Also bitte Freunde, pflanzt einen Baum. Für uns und den Planeten .

Denn selbst in den hoffnungslosesten Fällen gibt es einen **Hoffnungsschimmer** …

Über den Autor

Austin Ajit

Austin Ajit ist ein elfjähriges Kind aus Bengaluru, Indien. Austin ist ein junger Naturforscher, Autor, begeisterter Leser, Geschichtenerzähler und Kinderkünstler.

Austin hat sieben Bücher veröffentlicht, und dies ist sein achtes Buch (eine Sammlung seiner Kurzgeschichten).

1. Oma & Austins Pflanzenkönigreich
2. Austin's Dino World
3. Der Tag, an dem ich ein Ei fand (Stargazer-Serie - 1)
4. Ammus Erde (Übersetzung)
5. Angriff der violetten Blobs (Stargazer-Serie -2)

6. Flying Dolls and Smiling Friends (Übersetzung)
7. Komm, lass uns die Sonne berühren!

Sie können Austin per E-Mail erreichen:
austin06ajit@gmail.com

www.ingramcontent.com/pod-product-compliance
Lightning Source LLC
La Vergne TN
LVHW041609070526
838199LV00052B/3063
* 9 7 8 9 3 7 0 0 9 2 6 6 2 *